AF377691

PABLO CAMACHO LAZARRAGA
ALBERTO MARTÍN BARRERO

PROGRAMACIÓN DEL ENTRENAMIENTO DE LOS DEPORTES DE EQUIPO EN LAS ETAPAS DE FORMACIÓN

EJEMPLO PRÁCTICO DE UNA TEMPORADA EN EL BALONCESTO

ÍNDICE

1. INTRODUCCIÓN

Con objeto de alcanzar los objetivos propuestos, la planificación del entrenamiento deportivo deberá combinar de forma adecuada todos los elementos que integran el proceso de formación en un marco de interacciones dinámicas estructurado en unidades lógicas de aprendizaje de carácter contextualizado (juegos reducidos), reduciendo la complejidad de las situaciones reales de la propia competición a través de una carga variada, genérica y progresiva que provoque el efecto deseado a través de perturbaciones o modificaciones significativas específicas del entorno, y favorezca con ello las fluctuaciones necesarias que activen los mecanismos de adaptación de los jugadores.

La enorme complejidad que supone la práctica de un deporte de colaboración y oposición en un espacio compartido como lo es el baloncesto, demanda la necesidad de una didáctica específica de enseñanza que, respetando su lógica interna, se oriente principalmente hacia el desarrollo de la inteligencia motriz de los jugadores (Figura 1), aspectos éstos que condicionan profundamente el proceso observable de ejecución (técnica), con objeto de que sean éstos los que por propia iniciativa organicen, interpreten y decidan en cada situación de forma eficaz.

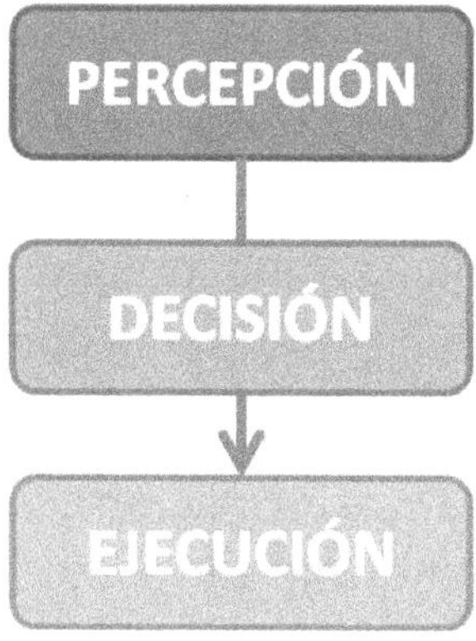

Figura 1. Procesos de una acción de juego.

La concepción que se tiene actualmente sobre la planificación deportiva en los deportes de equipo entiende este proceso como un sistema de carácter holístico donde todos los elementos se integran en un mismo entorno de aprendizaje (Figura 2).

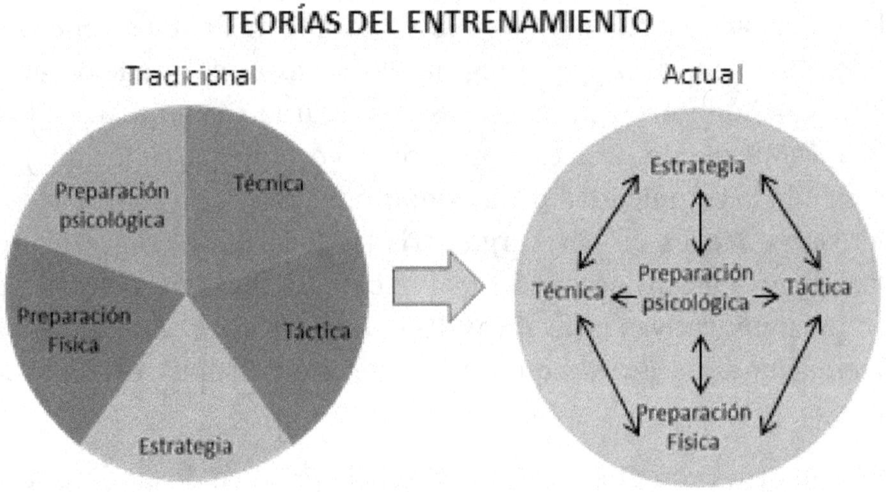

Figura 2. Concepción tradicional versus actual de las teorías de entrenamiento.

Por todo ello, estableceremos los siguientes objetivos para todas las categorías:

OBJETIVO GENERAL

Alcanzar la excelencia de los jugadores a través de una formación integral y personalizada orientada hacia el desarrollo de todas sus capacidades: cognitiva, motora, afectiva y social.

OBJETIVOS ESPECÍFICOS

- Planificar los elementos que integran el proceso de E-A a través de la articulación de diferentes programas de formación y actividades de desarrollo.
- Optimizar el proceso de formación a través de la generación de un entorno de aprendizaje adecuado.
- Controlar y analizar el proceso de formación de los jugadores.

2. PROGRAMACIÓN DE LA TEMPORADA

2.1. ¿A QUIÉN VAMOS A ENTRENAR?

2.1.1. Etapas de la formación deportiva.

La enseñanza de una modalidad deportiva debe estructurarse de forma progresiva en diferentes etapas, atendiendo a factores tales como las características, edad y nivel del sujeto que aprende, con objeto de favorecer su desarrollo adecuado en los ámbitos Táctico-técnico, físico y psicológico (Giménez, 2000).

En cada una de estas fases el jugador presentará unas características particulares que debemos conocer para tenerlo en cuenta en el diseño de nuestra programación, pues dependiendo de éstas nuestros jugadores demandarán diferentes necesidades en cada una de sus etapas evolutivas.

La mayor parte de las clasificaciones relacionadas con las etapas de la formación deportiva en baloncesto se han realizado tomando en cuenta la edad de los jugadores, pero tal y como afirman Trillo, Sáenz-López y Tierra (2002), deberemos tener en cuenta el desarrollo evolutivo del jugador, es decir, los objetivos y contenidos deberán establecerse acorde a los ritmos individuales de aprendizaje y edad cronológica de los sujetos.

No obstante, más abajo se muestran algunas de las clasificaciones más representativas que se han realizado de las fases de la formación deportiva teniendo en cuenta la edad de los sujetos.

Sánchez Bañuelos (1984) considera tres grandes fases en la formación deportiva, éstas son:

- Iniciación (9-10, 12-13 años)
- Desarrollo (14-15, 15-20 años)
- Perfeccionamiento (20-21, 21-30).

Pintor (1991) define con mayor profundidad cada una de esas etapas:

- 1a etapa: Iniciación (8-14 años).

    - Fase de formación general básica de baloncesto y multideportiva general (8-10 años).
    - Perfeccionamiento de la formación general básica de baloncesto y multideportiva general (10-12 años).
    - Consolidación, perfeccionamiento y ampliación de la formación general básica del baloncesto (12-14 años).

- 2a etapa; Perfeccionamiento básico (14-22 años).

    - Primer perfeccionamiento formativo específico (14-19 años).
    - Segundo perfeccionamiento formativo específico (19-22 años).

- 3a etapa: Máximo nivel de formación o perfeccionamiento (23-30 años).

    - 1a etapa de alta especialización (23-28 años).
    - 2a etapa de alta especialización (+28).

Trillo et al. (2002), tomando en cuenta las clasificaciones realizadas por Antón (1990), Bayer (1986), Cebeira (1988), Olivera (1992), Pintor (1987) y Sánchez Bañuelos (1984), consideran las siguientes fases de desarrollo en la evolución formativa del jugador:

- 1a etapa de formación básica (0-4 años).
- 2a etapa de formación básica (4-7 años).
- 1a etapa de iniciación deportiva (7-10 años).
- 2a etapa de iniciación deportiva (10-12 años).
- 1a etapa de perfeccionamiento (12-16 años).
- 2a etapa de perfeccionamiento (16-19 años).
- Etapa de máximas prestaciones (+19 años).

Finalmente, Giménez y Sáenz-López (2003) realizan la siguiente clasificación:

- 1a etapa de iniciación (8-10 años).
- 2a etapa de iniciación (10-12 años).
- 1a etapa de perfeccionamiento (12-16 años).
- 2a etapa de perfeccionamiento (16-19 años).
- Máximas prestaciones (+19 años).

Pero no en todos los casos la edad biológica de jugadores se corresponde con la etapa evolutiva de la formación de un jugador de baloncesto mostrada en las clasificaciones mencionadas anteriormente. La edad de los sujetos influye en la experiencia si el nivel de pericia es semejante. En caso contrario, serán el conocimiento y el tiempo de práctica los que determinen el nivel de pericia de los sujetos (McPherson y Thomas, 1989).

Tabla 1. Etapas de la formación deportiva.

Etapa		Fase	Categoría	Edad
Iniciación al baloncesto	Primera	Presentación al baloncesto	Prebenjamín	8 años
		Formación general básica	Benjamín	9-10 años
		Perfeccionamiento de la formación general básica	Alevín	11-12 años
	Segunda	Consolidación, mejora y ampliación de la formación general básica	Preinfantil e Infantil	13-14 años
Perfeccionamiento		Primera	Cadete	15-16 años
		Segunda	Junior	17-18 años

El proceso de formación deportiva debe estructurarse en diferentes etapas de forma gradual, atendiendo a factores como las características, edad y nivel de pericia de los jugadores, con objeto de favorecer un desarrollo adecuado en todos los ámbitos de su formación (cognitivo, motor, afectivo y social). Teniendo en cuenta algunas de las clasificaciones más representativas que se han realizado, a continuación se presentan las diferentes categorías agrupadas en las etapas de desarrollo correspondientes (Tabla 1).

2.1.2. Características generales.

La mayor parte de las clasificaciones relacionadas con las etapas de la formación deportiva en baloncesto se han realizado tomando en cuenta la edad de los jugadores, pero tal y como afirman, deberemos tener en cuenta el desarrollo evolutivo del jugador, es decir, los objetivos y contenidos deberán establecerse acorde a los ritmos individuales de aprendizaje y edad cronológica de los sujetos.

En cada una de las fases mencionadas anteriormente el jugador presentará unas características particulares en sus diferentes ámbitos (cognitivo, social, emocional y motriz) que deberemos conocer, con objeto de tenerlo en cuenta en el diseño de nuestra programación, analizando las implicaciones metodológicas que de ello se deriven y realizando las adaptaciones necesarias para la optimización de todo el proceso, atendiendo con ello las demandas reales de los jugadores en cada una de dichas etapas evolutivas. Teniendo en cuenta a algunos autores como Giménez y Sáenz-López (2003), presentamos las siguientes características agrupadas por categorías:

Benjamín

Tabla 2. Características generales de la categoría benjamín.

Ámbito	Características
Cognitivo	- Muy global, pero entiende y atiende mejor.
Social	- Va superando el egocentrismo. - Le gusta medirse con los demás.
Emocional	- Más estable, menos fantasioso. - Mejora de la concentración.
Motriz	- Avance general. - Mejora tanto de las habilidades motrices como las cualidades físicas.

Alevín

Tabla 3. Características generales de la categoría alevín.

Ámbito	Características
Cognitivo	- Cognición parecida a la del adulto. - Comienza a desarrollar la capacidad analítica. - Le gusta medir y evaluar todo.
Social	- Superación completa del egocentrismo, socialización plena. - Comprende y respeta las reglas. - Mejora la comunicación. - Comienza a desarrollarse una moral autónoma.
Emocional	- Gran estabilidad y control. Etapa del niño bueno. - Aumentan sus intereses y motivaciones.
Motriz	- Mejora general: habilidades básicas, genéricas y específicas. Desarrollo de las cualidades físicas. - Gran interés por las actividades deportivas.

Preinfantil e Infantil

Tabla 4. Características generales de la categoría Preinfantil e Infantil.

Ámbito	Características
Cognitivo	- Mejora de la capacidad analítica y de razonamiento. - Etapa específica: elección de alguna actividad sobre las demás. - Preocupación por la realización correcta de los movimientos.
Social	- Se forman pandillas buscando y satisfaciendo su necesidad de reconocimiento. - Necesitan amigos estables.
Emocional	- Falta de seguridad. - Disminución de su autoestima.
Motriz	- Pérdida del esquema corporal por crecimiento desproporcionado. - Propensión al cansancio. - Poca capacidad anaeróbica láctica. - Mejora general de las cualidades físicas y el crecimiento.

Cadete

Tabla 5. Características generales de la categoría Cadete.

Ámbito	Características
Cognitivo	- Le encanta razonar.
Social	- Rompe con la familia.
Emocio-nal	- En la escuela no se encuentra motivado. - Actitud defensiva, inestabilidad emocional. - Competitividad rabiosa.
Motriz	- Aumento de las cualidades físicas. - Descoordinación motriz. - Fatiga muscular.

Junior

Tabla 6. Características generales de la categoría Junior.

Ámbito	Características
Cognitivo	- Cognición del adulto.
Social	- Etapa de juventud. - Se estabilizan los conceptos de compromiso, grupo y unión. - Se multiplican los estímulos no deportivos.
Emocio-nal	- Es necesario crear un clima de diversión, reto y competición. - Importancia de ayudar al jugador a conocer su rol, controlar sus emociones y potenciar sus valores (conocimiento de sí mismo).
Motriz	- Existe una gran demanda de energía. - Estabilidad motriz.

2.1.3. Implicaciones metodológicas.

El grado de orientación del modelo de entrenamiento de las diferentes etapas hacia la formación y el rendimiento determinará la elaboración de la programación, teniendo una repercusión directa principalmente sobre los siguientes factores:

→ Grado de especialización de los jugadores.

→ Volumen de la enseñanza de los medios técnicos-tácticos del juego.

→ Estructuras de juego predominantes durante las sesiones prácticas.

→ Estilo de juego (medios técnicos-tácticos colectivos a utilizar).

Grado de orientación del entrenamiento.

El entrenamiento podrá ir orientado, en menor o mayor medida, hacia la formación o hacia el rendimiento, dependiendo de los objetivos planteados inicialmente (Tabla 7, figura 3).

Tabla 7. Grado de orientación del entrenamiento.

	Categoría					
Orientación	Ale	Preinf	Inf	Cad B	Cad A	Jun
Formación	85%	80%	75%	75%	65%	60%
Rendimiento	15%	20%	25%	25%	35%	40%

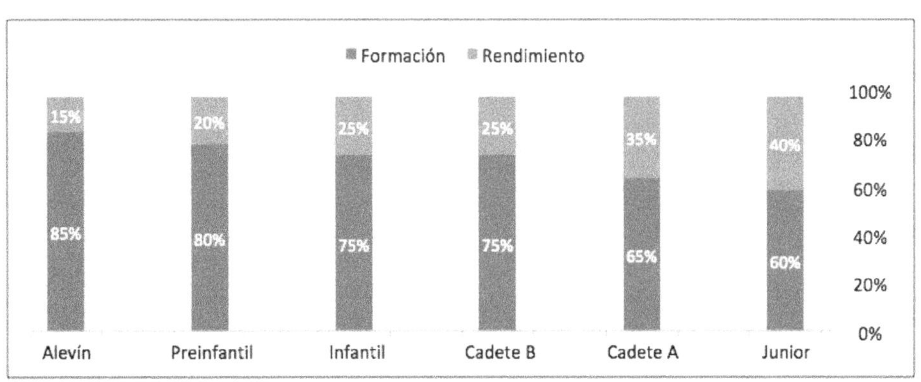

Figura 3. Gráfica del grado de orientación del entrenamiento.

Grado de especialización de los jugadores.

Debemos respetar la evolución natural de los jugadores, facilitar su desarrollo en cada etapa de formación, provocando la aparición de innumerables tiros, paradas, salidas,... y no condenarles a jugar en un espacio determinado de juego, donde sus posibilidades de acción se limiten, generalmente, a observar y esperar (Tabla 8 , figura 4).

Tabla 8. Grado de especialización de los jugadores.

Categoría	Formación	Grado de especialización
Alevín		Ninguno
Preinfantil		Ninguno
Infantil	Inespecífica	Ninguno
Cadete 1er año		Ninguno
Cadete 2º año	Semiespecífica	Se asignan funciones concretas a determinados jugadores, pero existe intercambio libre entre puestos específicos. Trabajo general.
Junior	Específica	Comienzo de la especialización en puestos específicos. Intercambio entre puestos específicos contiguos.

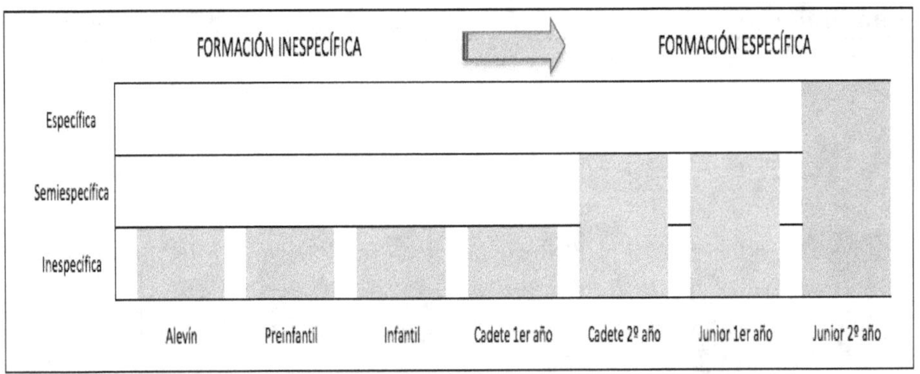

Figura 4. Gráfica del grado de especialización de los jugadores.

Volumen de la enseñanza de los medios técnicos-tácticos del juego.

El tiempo dedicado a cada una de las diferentes estructuras de las tareas determinará la formación de los jugadores (Tabla 9, figura 5), pues un alto volumen dedicado a las estructuras reducidas del juego (MtTIs y MtTCBs) en las etapas iniciales de formación fomentará la participación de los jugadores, reduciendo su inhibición, aumentando su experiencia frente a los contenidos de trabajo, pues la tasa de aparición de cada uno de los medios individuales y colectivos es sumamente mayor, favoreciendo la adaptación de la dificultad de los objetivos propuestos al nivel de pericia de los jugadores, y desarrollando de forma gradual su inteligencia motriz a través de una adecuada progresión de tareas donde se desarrolle su capacidad táctica individual y colectiva, base fundamental del juego.

Por el contrario, un alto tiempo dedicado al desarrollo de tareas globales (MtTCCs), reducirá notablemente la participación de los jugadores, y por tanto su experiencia motriz, en detrimento del desarrollo de los procesos de percepción y decisión de los jugadores tan necesario en un deporte donde la alta incertidumbre del juego real demanda la necesidad de reducir su complejidad en unidades de trabajo más pequeñas, a través de tareas de aproximación que favorezcan un desarrollo gradual en la formación de los jugadores y atienda convenientemente a todas las estructuras que lo configuran: cognitiva, condicional y socio-afectiva.

Tabla 9. Tiempo dedicado a la enseñanza de los MtTs del juego.

Orientación	Medios técnico-Tácticos		
	Individuales (MtTIs)	Colectivos (MtTCs)	
		Básicos (MtTCBs)	Complejos (MtTCCs)
Formación	***	**	*
Rendimiento	*	**	***

* Bajo; ** Moderado; *** Alto.

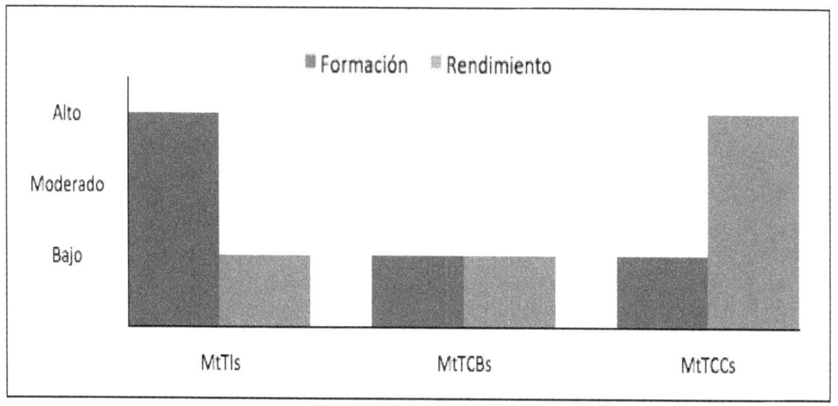

Figura 5. Gráfica del tiempo dedicado a la enseñanza de los MtTs del juego.

Estructuras de juego predominantes durante las sesiones prácticas.

Las estructuras del juego predominantes durante las sesiones prácticas tienen una relación directa con el tiempo dedicado a la enseñanza de los MtTs (individuales, colectivos básicos y complejos) indicado anteriormente, debiendo ser por tanto éste su grado de aparición (Tabla 10, figura 6).

Tabla 10. Estructuras de juego predominantes durante las sesiones prácticas.

Orientación	Estructuras de las situaciones de juego	
	Reducidas (1c1, 2c2, 3c3)	Globales (4c4, 5c5)
Formación	***	*
Rendimiento	**	***

* Baja; ** Moderada; *** Alta.

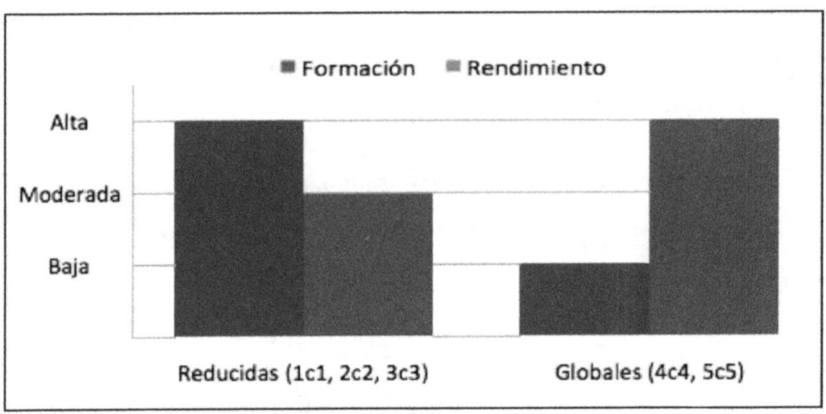

Figura 6. Gráfica de las estructuras de juego predominantes.

2.2. ¿DÓNDE QUEREMOS LLEGAR? OBJETIVOS.

A continuación se presentan los objetivos generales para cada una de las categorías, que nos servirán como orientación para el establecimiento de objetivos específicos para su consecución (Giménez, 2000; Pintor, 1987; 1991; FEB, 1999).

*Tabla 11. Objetivos generales de la **categoría Alevín.***

MOTRICES

- Continuar enriqueciendo la capacidad perceptivo-motriz de los jugadores a través del trabajo de las diferentes habilidades motrices.
- Inicio del trabajo de las cualidades físicas de forma inespecífica y global.
- Ayudar a la afirmación de la lateralidad.
- Manejar ambas manos en gestos sencillos.
- Permitir el juego individualista.

AFECTIVO-SOCIALES

- Control emocional.
- Hacer comprender la necesidad del trabajo en grupo.
- Participación de todos los jugadores en los diferentes encuentros y competiciones.
- Utilizar el juego como medio para inculcar respeto por los compañeros, adversarios y árbitros.
- Fomentar el buen ambiente del grupo dentro y fuera de los entrenamientos.
- Tratar de promover hábitos saludables.

COGNITIVOS

- Conocer la reglas básicas del Baloncesto.
- Desarrollar la capacidad de tomar decisiones dentro y fuera de la cancha.
- Buscar actividades en las que el jugador desarrolle aprendizajes significativos a través de situaciones reales de juego.
- Permitir que el jugador participe en el proceso de enseñanza-aprendizaje expresando sus opiniones.

TÉCNICO-TÁCTICOS

- Distribuirse de forma homogénea en todo el campo, evitando la especialización en posiciones y puestos específicos.
- Aprendizaje y perfeccionamiento de los medios técnicos-Tácticos individuales de ataque y defensa.
- Desarrollar algunas posibilidades de los medios técnico-Tácticos colectivos básicos de ataque de forma global y natural como pueden ser: pase y progresión, aclarados y fijaciones.
- Jugar un mínimo de 30 partidos.
- Fomentar el juego rápido y las situaciones de 1c1 y 2c2.
- Estimular la competitividad del jugador, fomentando a su vez el compañerismo.

*Tabla 12. Objetivos generales de las categorías **Preinfantil e Infantil.***

MOTRICES
- Continuar enriqueciendo la capacidad perceptivo-motriz de los jugadores. - Realizar especial hincapié en el trabajo de velocidad. - Iniciar el trabajo de fuerza genérica. - Desarrollar un trabajo de resistencia aeróbica en relación con su edad. - Manejar ambas manos en gestos sencillos. - Trabajar la flexibilidad de forma regular.

AFECTIVO-SOCIALES
- Mantener la cohesión del grupo. - Intentar que todos los jugadores se sientan partícipes dentro del equipo. - Inculcar respeto por los compañeros, adversarios y árbitros. - Fomentar el buen ambiente del grupo dentro y fuera de los entrenamientos. - Tratar de promover hábitos saludables.

COGNITIVOS
- Desarrollar la capacidad de tomar decisiones dentro y fuera de la cancha. - Buscar actividades en las que el jugador desarrolle aprendizajes significativos a través de situaciones reales de juego. - Permitir que el jugador participe en el proceso de enseñanza-aprendizaje expresando sus opiniones.

TÉCNICO-TÁCTICOS
- Conocer y trabar en todos los puestos específicos. - Aprendizaje y perfeccionamiento de los medios individuales de ataque y defensa. - Desarrollar algunas posibilidades de los medios técnico-Tácticos colectivos básicos de ataque de forma global y natural como pueden ser: pase y progresión, aclarados y fijaciones. - Jugar un mínimo de 40 partidos. - En defensa situación en el campo en función del balón, ayudas defensivas, iniciar al juego colectivo complejo. - Contraataque organizado, sistemas de juego simples, fomentar el juego rápido. - Balance defensivo, defensa individual en medio campo, progresión en la defensa individual en todo el campo.

*Tabla 13. Objetivos generales de las categorías **Cadete B y Cadete A.***

MOTRICES
Construir físicamente al jugador mediante un trabajo general, buscando posteriormente la transferencia de este tipo de trabajo a las acciones y características propias del baloncesto. - Mejorar la capacidad de resistencia orgánica del jugador. - Desarrollar la fuerza general para conseguir un reforzamiento muscular global y posteriormente la transferencia en el juego. - Mejorar los aspectos básicos generales de velocidad y luego iniciar un trabajo de velocidad relacionado con el baloncesto. - Mejorar o como mínimo mantener la flexibilidad propia del jugador, frenando la involución natural. - Desarrollar el dominio del cuerpo, la coordinación dinámica general, así como la específica para el baloncesto. - Obtener una correcta ejecución en cuanto a la técnica de carrera y los desplazamientos específicos del baloncesto. - Programar un trabajo específico con finalidades higiénico-preventivo-recuperadoras. - Inculcar en el jugador el hábito del auto-entrenamiento. - Programar en qué momento de la temporada se quiere obtener el mejor punto de forma.

AFECTIVO-SOCIALES
Ayudar al jugador en su preparación escolar y en su formación humana, tanto para la vida como para el baloncesto. - Facilitar que el jugador pueda compaginar los estudios con el volumen de entrenamiento. - Crear hábitos positivos respecto a la práctica del baloncesto. - Crear ilusión en el jugador por su proyecto de v ida deportivo y educarlo par tomar decisiones respecto a su futuro. - Potenciar la autoconfianza y el desparpajo en el juego. - Aprender a responder positivamente ante las dificultades, tanto en los entrenamientos como en los partidos. - Estimular la competitividad del jugador, fomentando a su vez el compañerismo.

COGNITIVOS

Transferir a los partidos los aprendizajes de los entrenamientos y aprender a competir con rendimiento.
- Transferir a los partidos los aprendizajes de los entrenamientos.
- Adaptarse a los distintos tipos de competición y situaciones de partido.
- Aprender a prepararse física y mentalmente para afrontar el partido en las mejores condiciones.
- Asumir el jugador las responsabilidades que le correspondan dentro del partido.
- Rendir en los aspectos que se le exijan, adaptados a su fase de formación y en distintas circunstancias.
- Iniciarse en el aprendizaje del control del partido.

TÉCNICO-TÁCTICOS

Mejorar la calidad de los fundamentos individuales de ataque y defensa, así como su eficiencia dentro del juego.
- Terminar de reajustar los fundamentos individuales aprendidos en las etapas anteriores a los cambios corporales y estructurales.
- Tecnificar los fundamentos individuales mediante un trabajo general, puliendo los detalles y aumentando la velocidad de ejecución.
- Iniciar el trabajo específico de los fundamentos individuales Según los predecibles roles futuros (en menor medida que el trabajo general).
- Mejorar la aplicación práctica de los fundamentos individuales dentro del propio juego.
- Otorgar desde este momento una importancia especial al fundamento del Tiro.
- Introducir el hábito de entrenar por propia cuanta para mejorar aspectos personales.
- Aprender el reglamento del juego, relacionado con la aplicación de los fundamentos individuales.
Profundizar en el conocimiento de las situaciones básicas del juego y en la aplicación de los fundamentos colectivos.
- Aprender a progresar hacia la canasta rival sin oposición con la colaboración de uno o más.
- Saber resolver con acierto las situaciones básicas de ventaja numérica para el ataque.
- Dominar todos los recursos presentes en el juego de ataque 2c2.
- Conocer las posibilidades del juego en ataque entre dos jugadores sin balón.
- Dominar todos los recursos presentes en el juego de ataque 3c3.
- Saber oponerse con acierto en las situaciones básicas de desventaja numérica para la defensa.
- Dominar todos los recursos defensivos presentes en el juego 2c2.

- Saber coordinar las acciones entre dos defensas que defienden a jugadores sin balón.
- Dominar todos los recursos defensivos presentes en el juego 3c3.
- Conocer los conceptos básicos, así como algunas formaciones sencillas, de los sistemas de juego: ataque, defensa, contraataque-transición y situaciones especiales.
- Aprender y familiarizarse con los elementos básicos del juego por conceptos contra defensa individual.
- Aprender y familiarizarse con los elementos básicos del juego por conceptos contra defensa en zona.
- Aprender recursos simples para salir de una presión individual o zonal.
- Aplicar los recursos defensivos aprendidos a la construcción de la defensa individual en la propia canasta.
- Conocer una estructura defensa en zona que se empleará como complementaria a la individual, que será la principal.
- Trabajar la presión individual incluyendo posteriormente como recurso el saltar y cambiar, e introducir la zona press.
- Iniciar al equipo en el contraataque de 4 calles y en algún movimiento simple de transición, así como en la organización del balance defensivo.
- Aprender recursos simples para las situaciones especiales.
- Conocer el reglamento relacionado con el juego 5c5.

*Tabla 14. Objetivos generales de la **categoría Junior.***

MOTRICES
Continuar la construcción física del jugador encaminándola ya de un modo significativo hacia las necesidades específicas del Baloncesto. - Seguir mejorando la resistencia orgánica, llevándola a sus cotas máximas. - Seguir mejorando la fuerza general hacia sus cotas máximas y desarrollo de la fuerza. Específica para el baloncesto. - Mejorar la Velocidad específica para el baloncesto. - Mejorar o como mínimo evitar la involución de la flexibilidad. - Programar un trabajo físico específico con finalidades higiénico-preventivo-recuperadoras. - Potenciar en el jugador el hábito del auto-entrenamiento

AFECTIVO-SOCIALES
Ayudar al jugador en su preparación escolar y en su formación humana, tanto para la vida como para el Baloncesto. - Seguir trabajando los objetivos propuestos en la etapa cadete, para aposentarlos sólidamente. - Ayudar al jugador a definir objetivos que tengan altas expectativas de ser alcanzados, así como su rol dentro del equipo. - Mejorar el nivel de concentración de los jugador es, tanto en los entrenamientos como en los partidos. - Seguir potenciando la autoconfianza y conseguir que evolucione hacia desparpajo en el juego. - Empezar a enseñar a rendir al jugador en situaciones de presión. - Estimular las cualidades potenciales presentes en los jugadores con carácter de líder.

COGNITIVOS
Asumir cada jugador los distintos roles dentro del partido, asumiendo sus responsabilidades y mostrándose competitivo. - Seguir trabajando los objetivos propuestos en la etapa anterior de cadete. - Profundizar en la exigencia de que el jugador asuma sus responsabilidades. - Estimular la competitividad y el instinto ganador. - Estimular el liderazgo en los jugadores con potencialidades. - Profundizar en el aprendizaje del control del partido.

TÉCNICO-TÁCTICOS

Insistir en la tecnificación de los fundamentos individuales, dando mayor importancia a los específicos para los roles del jugador, así como en la eficiencia en su aplicación dentro del juego.

- Continuar la tecnificación general de los fundamentos.
- Incidir en la tecnificación específica de los fundamentos.
- Mejorar la aplicación práctica de los fundamentos dentro del propio juego.
- Aumentar el volumen de tiro, centrándose en tiros específicos de cada rol de juego.
- Seguir potenciando el hábito de entrenar por su cuenta y estimular la creatividad.
- Aprender a conocer los distintos tipos de arbitraje.

Dominar todos los recursos presentes en el juego reducido, tanto den ataque como en defensa y aplicarlos con la mayor eficiencia en el juego.

- Seguir mejorando todos los objetivos propuestos en la etapa cadete.
- Aumentar el volumen de trabajo específico en las situaciones de juego reducido.
- Aposentar el juego con un jugador interior.
- Profundizar en el juego entre dos jugadores interiores.
- Dominar todos los recursos presentes en el juego reducido 4c4.

Dominar el juego por conceptos, el contraataque y los recursos para las situaciones especiales en ataque, las estructuras básicas defensivas y empezar a familiarizarse con el empleo de sistemas o jugadas.

- Profundizar en el trabajo realizado en esta área en la etapa cadete.
- Introducir recursos o sistemas sencillos de ataque.
- Introducir defensas especiales.
- Profundizar en dominio de contraataque, transición y balance defensivo.
- Introducir movimientos simples en las situaciones especiales.

2.3. ¿QUÉ VAMOS A ENSEÑAR? CONTENIDOS.

Debemos distinguir entre dos componentes principales, uno de carácter táctico, derivado de la decisión táctica tomada previamente, que da finalidad a la habilidad específica (fintar para superar al oponente, botar el balón para progresar hacia el objetivo...) y otro de carácter técnico, que se corresponde con la forma idónea de ejecutar dicha habilidad específica, y que responde también a estereotipos motores de probada eficacia (la forma adecuada de fintar botando el balón para sufrir el menor riesgo posible). Así pues, hablar de habilidad técnico-Táctica supone referirse a los dos aspectos de la habilidad de forma simultánea, al cognitivo (selección adecuada de la habilidad motriz que se ha de utilizar en una situación determinada) y al motor (ejecución correcta de la acción desde un punto de vista técnico) (Ricardo, De la Torre y Roberto, 2001).

Definimos Medios Tácticos-técnicos (MTt) a los contenidos específicos individuales y colectivos que se utilizan en un deporte, que le dan unas características especiales delimitadas por el reglamento y que lo distinguen claramente de las demás prácticas deportivas (Giménez, 2000). Tienen dos componentes, uno de carácter Táctico, derivado de la decisión tomada previamente que da finalidad a la habilidad específica, y otro de carácter técnico, que se corresponde con la forma idónea de ejecutar dicha habilidad específica. Por tanto, hablar de habilidad Táctico-técnica supone referirse a ambos aspectos de la habilidad de forma simultánea, al cognitivo (selección adecuada de la habilidad que se ha de utilizar en una situación determinada basándonos en la inteligencia motriz) y al motor (ejecución correcta de la acción desde un punto de vista técnico) (Contreras, De la Torre y Velázquez, 2001).

Según Pintor (1991), se definen como medios porque son instrumentos o herramientas para la consecución de un fin, e individuales o colectivos dependiendo de si participan uno o más jugadores.

Por otra parte, entendemos por Medios Tácticos-técnicos Colectivos Básicos (MTtCB) a unidades funcionales elementales que no se pueden fraccionar, constituyendo el primer eslabón en la enseñanza de la táctica colectiva. La suma de ellos nos llevará a la configuración de los medios Tácticos-técnicos Colectivos Complejos (MTtCC).

A continuación presentamos a modo de ejemplo una temporalización de los contenidos a desarrollar por categorías durante el proceso de formación deportiva.

Medios técnicos-tácticos de ataque

Tabla 15. Medios técnico-Tácticos de ataque.

Concepto	Ale	I-1	I-2	C-1	C-2	J
Posición básica sin balón.	X	X	X	X	X	X
Posición básica con balón.	X	X	X	X	X	X
Recepción del balón estático.	X	X	X	X	X	X
Recepción del balón en carrera.	X	X	X	X	X	X
Pivotes normal y reverso.	X	X	X	X	X	X
Arrancadas con y sin balón.	X	X	X	X	X	X
Cambios de ritmo con y sin balón.	X	X	X	X	X	X
Paradas en un tiempo con y sin balón.	X	X	X	X	X	X
Paradas en dos tiempos con y sin balón.	X	X	X	X	X	X
Cambios dirección sin balón.	X	X	X	X	X	X
Corte hacia balón.		X	X	X	X	X
Reverso.	X	X	X	X	X	X
Finta de reverso.		X	X	X	X	X
Cambio de mano por detrás.		X	X	X	X	X
Cambio de mano entre piernas.		X	X	X	X	X
Cambio de mano antiguo.			X	X	X	X
Finta de salto.			X	X	X	X
Finta de paso.			X	X	X	X
Pase de pecho.	X	X	X	X	X	X
Pase picado a dos manos.	X	X	X	X	X	X
Pase picado a una mano.			X	X	X	X
Pase lateral a una mano.				X	X	X
Pase largo a dos manos.				X		
Pase de beisbol.			X	X	X	J
Finta de pase.	X	X	X	X	X	X
Otros pases... (detrás de la espalda, entre piernas, globo...).				X	X	X
Tiro.	X	X	X	X	X	X
Tiro en salto.				X	X	X
Entrada en bandeja.	X	X	X	X	MTtCC	X
Entrada en tiro corto	X	X	X	X	X	X

Concepto	Ale	I-1	I-2	C-1	C-2	J
Entrada en extensión			X	X	X	X
Entrada a canasta pasada (mano exterior o mano interna)			X	X	X	X
Entrada en gancho			X	X	X	X
Entrada pie cambiado				X	X	X
Entrada robando paso				X	X	X
Finta de tiro	X	X	X	X	X	X
Finta de penetración.	X	X	X	X	X	X
Finta de recepción.	X	X	X	X	X	X
Puerta atrás.		X	X	X	X	X
Ejecución del bloqueo indirecto normal.			X	X	X	X
Ejecución del bloqueo indirecto ciego.			X	X	X	X
Apertura después del bloqueo indirecto normal.			X	X	X	X
Apertura después del bloqueo indirecto ciego.			X	X	X	X
Conducción y aprovechamiento del bloqueo indirecto (ciego y normal).			X	X	X	X
Ejecución del bloqueo directo.			X	X	X	X
Apertura del bloqueo directo.			X	X	X	X
Ganar posición cuando un defensor va a la ayuda.		X	X	X	X	X
Creación de espacios.	X	X	X	X	X	X
Ocupación de espacios.	X	X	X	X	X	X
Juego en el poste bajo sin balón: Ganar posición				X	X	X
Juego en el poste bajo sin balón: Autobloquearse para inversión				X	X	X
Juego en el poste bajo con balón: Ganar fondo					X	X
Juego en el poste bajo con balón: Fintas de espaldas.					X	X
Juego en el poste bajo con balón: Salir del 2x1.					X	X
Juego entre postes.					X	X
Resolución de superioridad numérica.			X	X	X	X
Juego interior / exterior.					X	X
Bote de protección	X	X	X	X	X	X
Bote de velocidad	X	X	X	X	X	X
Cambio de mano por delante	X	X	X	X	X	X

Medios técnicos-tácticos de defensa (Tabla 16)

Tabla 16. Medios técnico-Tácticos de defensa.

Concepto	Ale	I-1	I-2	C-1	C-2	J
Defensa al hombre balón lejos del aro (antes, en y después del bote).		X	X	X	X	X
Defensa al hombre balón en posición frontal de tiro (antes, en y después del bote).	X	X	X	X	X	X
Defensa al hombre balón en posición lateral de tiro (antes, en y después del bote).	X	X	X	X	X	X
Defensa al hombre balón dentro de zona (antes, en y después del bote).	X	X	X	X	X	X
Defensa al hombre sin balón lejos del aro.		X	X	X	X	X
Defensa al hombre sin balón, lado fuerte, por encima del balón.			X	X	X	X
Defensa al hombre sin balón, lado fuerte, por debajo del balón.		X	X	X	X	X
Defensa al hombre sin balón, lado débil.	X	X	X	X	X	X
Defensa al hombre sin balón, lado fuerte, en poste bajo.			X	X	X	X
Defensa al hombre sin balón, lado fuerte, en poste alto.			X	X	X	X
Defensa del corte lado fuerte/débil, fuera de zona.			X	X	X	X
Defensa del corte lado fuerte/débil, dentro de zona.			X	X	X	X
Defensa del corte lado débil/fuerte, fuera de zona.			X	X	X	X
Defensa del corte lado débil/fuerte, dentro de zona.			X	X	X	X
Defensa del bloqueo directo en ayuda y recuperación.			X	X	X	X
Defensa del bloqueo directo en 2x1.					X	X
Defensa del bloqueo indirecto, igualdad altura, fuera de zona.				X	X	X
Defensa del bloqueo indirecto, desigualdad altura, fuera de zona.			X	X	X	X
Defensa del bloqueo indirecto, igualdad altura, en zona.				X	X	X
Defensa del bloqueo indirecto, desigualdad altura, en zona.				X	X	X
Defensa del bloqueo ciego.					X	X

Concepto	Ale	I-1	I-2	C-1	C-2	J
Bloqueo del rebote lado fuerte.	X	X	X	X	X	X
Bloqueo del rebote lado débil en zona.	X	X	X	X	X	X
Bloqueo del rebote lado débil fuera de zona.		X	X	X	X	X
Bloqueo del rebote tras tiro libre.				X	X	X
1ª ayuda y recuperación.		X	X	X	X	X
2ª ayuda y recuperación.		X	X	X	X	X
Rotación de ayudas y recuperación sin cambio.					X	X
Rotación de ayudas y recuperación con cambio.						X
Defensa del doble bloqueo indirecto.					X	X
Defensa del bloqueo consecutivo.						X
2x1 fuera de 6'75 y rotación defensiva.					X	X
2x1 dentro de 6'75 y rotación defensiva.			X	X	X	X
Defensa del saque de fondo.					X	X
Penetración frontal (ayuda postes en tándem)						X

Bloque I

PLANIFICACIÓN DE UNA TEMPORADA

2.4. ¿CUÁNDO VAMOS A ENSEÑARLO.?

Con objeto de facilitar la distribución de los objetivos y contenidos durante la temporada, la dividiremos en unidades de planificación:

- Períodos.
- Macrociclos.
- Morfociclos.
- Microciclos.
- Sesión.

PLANIFICACIÓN GENERAL

En la plantilla "Planificación general" (Anexo 1) se registrarán los siguientes datos, con objeto de tener una visión sintética de todo el proceso, y favorecer con ello el desarrollo de la planificación de los contenidos convenientemente (Figura 7):

- Año.
- Mes.
- Semana.
- Períodos.
- Macrociclos.
- Morfociclos.
- Microciclos.
- Sesiones de entrenamiento técnico.
- Sesiones de entrenamiento físico.
- Semana de control y evaluación.
- Partidos (amistosos y oficiales).

Ejemplo:

Año		2019							2019							2019							2019							2019							2019						
Mes		Sep							Sep							Sep							Sep							Sep-Oct							Sep						
Período		Pretemporada							Pretemporada							Pretemporada							Pretemporada							Pretemporada							Pretemporada						
Macrociclo		I							I							I							I							I							I						
Semana		1							2							3							4							5							6						
Microciclo		1							2							3							4							5							6						
Unidad de Planificación		1							1							1							1							1							1						
Día		L	M	X	J	V	S	D	L	M	X	J	V	S	D	L	M	X	J	V	S	D	L	M	X	J	V	S	D	L	M	X	J	V	S	D	L	M	X	J	V	S	D
Día		2	3	4	5	6	7	8	9	10	11	12	13	14	15	16	17	18	19	20	21	22	23	24	25	26	27	28	29	30	1	2	3	4	5	6	7	8	9	10	11	12	13
Sesiones	Técnica	1		2	3	4			5		6	7	8			9		10	11	12			13		14	15	16			17		18	19	20			21		22	23	24		
Sesiones	Prep. Física	1		2	3				4		5	6				7		8	9				10		11	12				13		14	15				16		17	18			
Partidos	Amistosos																											1							2							3	
Partidos	Oficiales																																										
Controles	Técnicos										1	1																															
Controles	Físicos																		1	1																							

Figura 7. Ejemplo de planificación general de la temporada.

Períodos

Se establecen los siguientes períodos durante la temporada: pretemporada, pre-competición, competición y post-competición.

a. **Período de "pre-competición":** es el período anterior a la competición. Suele coincidir con la pretemporada (4-6 semanas), aunque en ocasiones se prolongue en el tiempo (8-10 semanas).

b. **Período de "competición":** es el período durante el cual el equipo se encuentra compitiendo (7-8 meses), aunque durante éste se produzcan intervalos de descanso.

c. **Período de "post-competición":** es el período cuando la competición ha finalizado (3-6 semanas).

Ejemplo (Tabla 17):

Tabla 17. Ejemplo de períodos de la temporada.

Mes	Sep	Oct	Nov	Dic	Ene	Feb	Mar	Abr	May	Jun
Período	Precompetición		Competición							Postcompetición

Macrociclos

Dividiremos la temporada en grandes macrociclos, que coincidirán con el período escolar de los jugadores (trimestres: Sep-Dic, Ene-Mar y Abr-Jun). En cada macrociclo se establecerán unos objetivos y contenidos específicos. En las categorías Cadete A y Junior el tercer trimestre se dividirá en 2 bloques diferentes. El primer bloque se corresponderá con los meses de abril y mayo (competición) y el segundo bloque con el mes de junio (post-competición), pues se establecerán diferentes objetivos y contenidos para cada uno de dichos bloques.

Ejemplo 1 (Tabla 18: categorías Alevín, Preinfantil, Infantil y Cadete B).

Tabla 18: Ejemplo de macrociclos de la temporada (categorías Alevín, Preinfantil, Infantil y Cadete B).

Mes	Sep	Oct	Nov	Dic	Ene	Feb	Mar	Abr	May	Jun
Ma-croci-clo	I				II				III	

Ejemplo 2 (Tabla 19: categorías Cadete A y Junior)

Tabla 19: Ejemplo de macrociclos de la temporada (categorías Cadete A y Junior).

Mes	Sep	Oct	Nov	Dic	Ene	Feb	Mar	Abr	May	Jun
Macro-ciclo	I				II		III		IV	

Morfociclos

Se establecen un total de 6-8 morfociclos (MF) patrón durante la temporada (Figura 8). Cada MF estará compuesto por 4-6 microciclos (semanas). No obstante, el patrón o MF más habitual deberá tener una duración de 6 semanas, pues es el tiempo medio que necesita el organismo para que se produzcan las adaptaciones necesarias a los estímulos que se le presenten, teniendo que ser éstos actualizados una vez finalizado dicho período. En cada MF se establecerán unos objetivos y contenidos concretos.

Ejemplo:

Año	2019															
Mes	sep				oct				nov				dic			
Período	Precompetición								Competición							
Macrociclo	I															
Semana	1	2	3	4	5	6	7	9	10	11	12	13	14	15	16	18
Microciclo	1	2	3	4	5	6	7	9	10	11	12	13	14	15	16	18
Unidad de Planificación	1								2				3			

Año	2020																							
Mes	ene				feb					mar			abr						may			jun		
Período	Competición																					Post-comp		
Macrociclo	II												III									IV		
Semana	19	20	21	22	23	24	25	26	27			28	29	30	31	32	33	34	35	36	37	38	39	40
Microciclo	19	20	21	22	23	24	25	26	27			28	29	30	31	32	33	34	35	36	37	38	39	40
Unidad de Planificación	4						5						6									7		8

Figura 8. Ejemplo de Morfociclos.

Teniendo en cuenta que a medida que nos alejemos del juego o contexto real disminuirán las posibilidades de adaptación o transferencia de las habilidades practicadas durante el entrenamiento a la competición, deberemos respetar los principales rasgos pertinentes a la lógica interna de nuestro deporte (relación que se establece entre todos los elementos que intervienen en una acción de juego), diseñando formas jugadas o tareas de aproximación que optimicen el rendimiento de los jugadores. Deberemos establecer durante estos períodos de entrenamiento un incremento progresivo de los esfuerzos de los jugadores (desde entornos menos complejos a entornos más complejos) a las diferentes situaciones a las que se van a enfrentar durante la competición, entendiendo que aumentar la exigencia es aumentar la dificultad y la especificidad de las tareas (Casamichana, San Román, Calleja y Castellano, 2016). Para ello, tendremos en cuenta las siguientes consideraciones:

a. Alternancia horizontal.

Referida a la orientación condicional de los estímulos (dinámica de las cargas) durante la semana o microciclo (Seirul-lo, 2017). Con objeto de adecuar convenientemente las tareas de las sesiones, éstas irán orientadas en cada sesión preferentemente hacia una capacidad (fuerza, resistencia y velocidad), que supondrán una tendencia respecto a las demandas exigidas a los jugadores sobre dichas dimensiones, emergiendo con ello unas sobre otras.

Debemos tener en cuenta que las 3 dimensiones condicionales (fuerza, resistencia y velocidad) estarán siempre presentes en todas las sesiones.

- **Fuerza o tensión:** considerando la frecuencia de acciones de aceleración/desaceleración y cambios de ritmo que realizan los jugadores.

- **Resistencia o duración:** considerando la frecuencia cardíaca (Fc) que presentan los jugadores.

- **Velocidad:** considerando el número de sprint que realizan los jugadores.

Con objeto de respetar dichas consideraciones, así como la alternancia horizontal a la que éstas van referidas, en el diseño de las sesiones tendremos en cuenta las siguientes variables moduladoras (Tabla 20):

- Número de jugadores por equipo.

- Dimensión del espacio relativo a cada jugador.

Tabla 20. Combinación de factores para el efecto mayor condicional preferente.

Efecto condicional mayor preferente	Nº jugadores	Dimensiones del espacio (m2 por jugador)
Fuerza o tensión	Bajo	Bajo
Resistencia o duración	Intermedio	Intermedio
Velocidad	Alto	Intermedios o grandes

Dependiendo del tipo de combinación que realicemos de dichos moduladores en las tareas, en la sesión prevalecerán unas capacidades sobre otras. De esta manera, y teniendo siempre presente la competición (sábado), la distribución general de la orientación condicional de las tareas deberá ser la siguiente:

Tabla 21. Alternancia horizontal general de los estímulos en cada microciclo.

L	M	X	J	V	S	D
Sesión 1		Sesión 2		Sesión 3	Partido	
Fuerza		Resistencia		Velocidad		
Dimensiones relativas pequeñas y número bajo de jugadores		Se amplían las dimensiones y el número de jugadores. Repeticiones y series de larga duración		Se amplían las dimensiones y el número de jugadores. Repeticiones y series de baja duración		

Nota: Las primeras sesiones de la semana irán orientadas preferentemente hacia la fuerza, las sesiones intermedias hacia la resistencia y las finales hacia la velocidad, con objeto de reducir en los jugadores el efecto residual de la carga.

b. Alternancia vertical.

Referida a la distribución de los estímulos durante el desarrollo de las UP (temporada), teniendo por tanto en cuenta que debemos exigir un poco más en cada una de ellas.

Para respetar una gradualidad en la distribución de los estímulos durante los diferentes microciclos (semanas) de cada UP, tendremos en cuenta los siguientes moduladores o factores moderadores de la carga de trabajo (Casamichana et al., 2016):

- Intensidad de la tarea.
- Recuperación entre las repeticiones.
- Tiempo de trabajo en cada repetición.
- Número de repeticiones.
- Número de series.

Además de estas variables, durante el desarrollo de la UP tendremos también en cuenta una progresión gradual de la dificultad y especificidad de las tareas (Tabla 22), que se definirán en el apartado 2.5. de este manual.

Tabla 22. Alternancia vertical durante el desarrollo de una UP.

UP	1	2	3	4	5	6
Dificultad	+	++	+++	++++	+++++	++++++
Especificidad	+	++	+++	++++	+++++	++++++
Intensidad	+	++	+++	++++	+++++	++++++
Nº repeticiones	+	+	++	++	+++	+++
Nº series	+	+	++	++	+++	+++
Duración repetición	+	++	+	++	+	++
Recuperación	+++	+++	++	++	+	+

Entenderemos el proceso de enseñanza y aprendizaje como un proceso cíclico que deberemos resetear tras la finalización de cada morfociclo, exigiendo en cada una de ellas un poco más.

En definitiva, cuando decimos que debemos ir desde las situaciones más sencillas o reducidas a las más complejas o globales, quiero decir que nuestra "tendencia general" debería ir siempre encaminada a respetar dicha premisa, es decir, en relación a la temporada, al inicio (Sep) deberíamos trabajar muchas situaciones reducidas (1c1, 2c1, 2c2..) y en bastante menor medida situaciones donde estén involucrados más jugadores (4c4, 5c5). Con ello respetaríamos la dificultad gradual a la que nos referíamos con este principio (Tabla 23).

Tabla 23. Estructuras con mayor volumen de trabajo durante la temporada.

Sep	Oct	Nov	Dic	...
1c1, 2c1, 2c2	1c1,2c1, 2c2, 3c2	1c1, 2c2, 3c2, 3c3	1c1, 2c2, 3c3	1c1, 2c2, 3c3, 4c3

Este mismo concepto debemos respetarlo durante el desarrollo de un microciclo, es decir, al inicio de la semana concentraríamos las estructuras de juego más reducidas, y conforme nos acercáramos al partido del fin de semana, las aumentaríamos progresivamente (Tabla 24).

Tabla 24. Estructuras con mayor volumen de trabajo durante un microciclo.

L	M	X	J	V
1c1, 2c1, 2c2	1c1,2c1, 2c2, 3c2	1c1, 2c2, 3c2, 3c3	1c1, 2c2, 3c3	1c1, 2c2, 3c3, 4c3

Ahora bien, ¿cómo organizamos las tareas que vamos a desarrollar dentro de una misma sesión? Esto es bien diferente. Realmente existen varias teorías. La primera aboga por seguir respetando lo anteriormente comentado, es decir, desde las situaciones más reducidas a las más globales (Tabla 25).

Tabla 25. Organización de la estructura de las tareas durante una sesión.

MIÉRCOLES
1c1
2c1
2c2
3c2
...

La segunda teoría se basa en la teoría de la Gestalt, la cual llevo estudiando e investigando desde hace ya muchos años, no sólo en el ámbito deportivo, sino en el docente al que me dedico, y es la que sigo y en la que creo fiel y profundamente. Es realmente apasionante, y actualmente es considerada piedra angular sobre la que se sustentan la mayor parte de las metodologías de enseñanza por las que tanto se aboga.

Esta teoría afirma que el sujeto que aprende accede al conocimiento a través de la comprensión. En nuestro caso, afirma que los jugadores para aprender un concepto, deberían enfrentarse a la situación que ha de originar la particular y adoptada reacción deseada, es decir, a la situación o "idea general". Con ello, el jugador organizará el medio y captará los aspectos significativos y sus relaciones básicas.

En este caso no cambiaría en absoluto el volumen dedicado a las estructuras reducidas durante esa sesión que comentamos anteriormente, pero si cambiaría el orden en el que se las presentaríamos a los jugadores (Tabla 26).

Tabla 26. Organización de la estructura de las tareas durante una sesión.

MIÉRCOLES
3c2
2c2
2c1
1c1
2c1
2c2
3c2...

Existe una tercera teoría que indica que las tareas se deberían presentar a los jugadores de manera aleatoria, tal y como ocurre durante un partido, en el que los jugadores se enfrentan constantemente a situaciones de 1c1, 4c4, 5c5, 3c2, etc. Es decir, considera que debemos presentar las tareas sin un orden preestablecido. Pero la carga mayor de trabajo psicológico que le puede suponer esto a los jugadores ha hecho que tenga más detractores que seguidores (Tabla 27).

Tabla 27. Organización de la estructura de las tareas durante una sesión.

MIÉRCOLES
3c2
1c1
2c2
2c1
…

Microciclos

A continuación se indican los diferentes tipos de microciclos que deberemos distribuir convenientemente durante el desarrollo de cada UP, teniendo siempre presente que el microciclo tipo a desarrollar serán principalmente el de "Aprendizaje o realización". Cada microciclo tendrá una duración de una semana.

a. **Microciclo de Inicio o Adaptación:** se corresponde con las primeras semanas (2-3) de la temporada.

b. **Microciclo de aprendizaje o realización**: es el microciclo preferente en todas las categorías, orientado principalmente hacia la adquisición de habilidades y objetivos de realización.

c. **Microciclo de rendimiento, resultados o competición**: se utilizará en la última semana de cada unidad de planificación y en aquellos períodos de competición especialmente relevante (Cto. de Andalucía, Cto. de España, etc).

d. **Microciclo de regeneración o recuperación**: Se utilizará en la primera semana de cada UP, con objeto de regenerar las reservas utilizadas en las semanas anteriores, y producir con ello un efecto de supercompensación.

e. **Microciclo de evaluación o control**: referido aquellas semanas en las que se realizará una evaluación programada del grado de consecución de los objetivos establecidos anteriormente.

En cada período de la temporada se podrán utilizar preferentemente determinados tipos de microciclos (Tabla 28).

Tabla 28. Tipos de microciclos dependiendo del período de la temporada.

Período		
Precompetitivo	Competitivo	Post competición
■ Inicio o adaptación. ■ Aprendizaje o realización. ■ Evaluación o control.	■ Aprendizaje o realización. ■ Rendimiento o resultado. ■ Evaluación o control. ■ Regeneración o recuperación.	■ Aprendizaje o realización. ■ Regeneración o recuperación.

Sesión

Bloques de contenidos

Tipos

Dividiremos el trabajo a realizar con los jugadores en cada sesión en los siguientes bloques de contenidos (Tabla 29):

Tabla 29. Tipos de bloques de contenidos.

Medios técnico-tácticos individuales	Medios técnico-tácticos colectivos	■ Básicos (2c2, 3c3) ■ Complejos (4c4, 5c5)
■ Fundamentos individuales. ■ Lanzamiento a la canasta.	■ Contraataque. ■ Juego en medio campo ■ Juego en todo el campo. ■ Competición.	

Volumen

Para calcular el porcentaje y el número total en minutos del tiempo dedicado a cada bloque de contenido y estructuras de las tareas (Tablas 30, 31 y 32 y figura 8), deberemos tener en cuenta las siguientes variables:

- Grado de orientación del proceso de entrenamiento.
- Duración de una sesión.
- Número de sesiones semanales.
- Número de semanas por temporada.
- Total de sesiones por temporada.
- Total minutos por temporada.

Tabla 30. Variables para calcular el tiempo total de trabajo.

	Ale	Preinf	Inf	Cad B	Cad A	Jun
Duración de una sesión	90'	90'	90'	90'	90'	90'
Nº sesiones semanales	3	3	4	4	4	4
Nº semanas temporada	40	40	40	40	40	40
Total sesiones temporada	120	120	160	160	160	160
Total minutos temporada	10800'	10800'	14400'	14400'	14400'	14400'

Tabla 31. Tiempo de trabajo de los bloques de contenidos.

Bloque de trabajo	Estructuras	Ale	Preinf	Inf	Cad B	Cad A	Jun	Volumen
Fund. Indiv.	1c0, 1c1, 2c2, 3c3	85%	80%	75%	75%	65%	60%	%
		76'	72'	68'	68'	59'	54'	Sesión
Fund. Colectivos Básicos	(Situaciones reducidas)	231'	216'	272'	272'	236'	216'	Microciclo
		9240'	8640'	10880'	10880'	9440'	8640'	Temporada
Fund. Colectivos Complejos	4c4, 5c5	15%	20%	25%	25%	35%	40%	%
		14'	18'	22'	22'	31'	36'	Sesión
	(Situaciones globales)	42'	54'	88'	88'	124'	144'	Microciclo
		1680'	2160'	3520'	3520'	4960'	5760'	Temporada

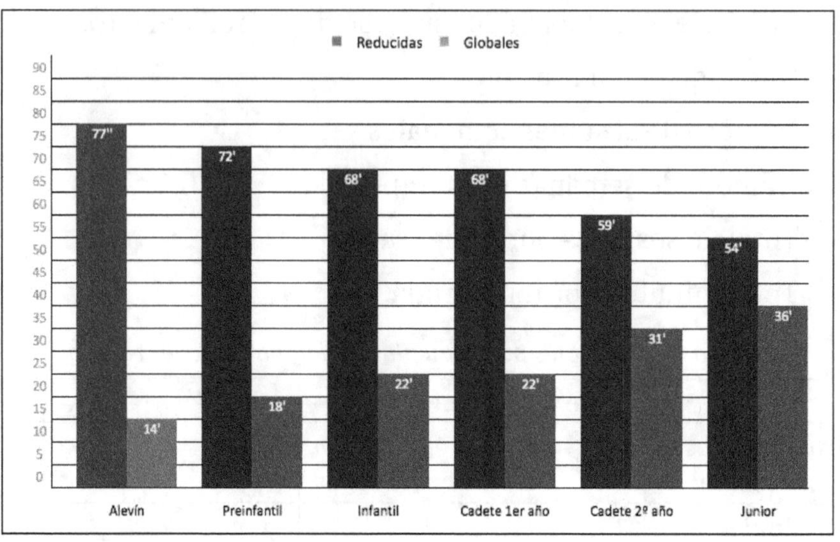

Figura 8. Gráfica de los minutos de las estructuras reducidas y globales de las tareas por sesión práctica y categoría.

Tabla 32. Volumen de trabajo de las estructuras de las tareas.

		Alevín		Preinfantil		Infantil		Cadete B		Cadete A		Junior	
Estructuras		%	Detalle	%	Detalle	%	Detalle	%	Detalle	%	Detalle	%	Detalle
Redu-cidas	1c0	85%	5%	80%	5%	75%	5%	75%	5%	65%	5%	60%	5%
	1c1		40%		40%		35%		35%		30%		25%
	2c2		20%		20%		20%		20%		15%		15%
	3c3		20%		15%		15%		15%		15%		15%
Globa-les	4c4	15%	10%	20%	10%	25%	15%	25%	15%	35%	20%	40%	20%
	5c5		5%		10%		10%		10%		15%		20%

Nota: Los porcentajes que se indican son valores aproximados, pero en ningún caso el porcentaje o tiempo total dedicado a cada uno de los bloques de contenido o estructura de las tareas podrá exceder (por exceso o por defecto) en un 10% el valor de dichas cantidades.

Orden

En el diseño de la sesión tendremos en cuenta el efecto residual de las tareas, con lo que deberemos respetar el orden que se indica a continuación (Tabla 33):

Tabla 33. Orden de las tareas durante la sesión.

Orden	Bloque de contenido
1º	Contraataque o Fundamentos individuales.
2º	Fundamentos individuales o Contraataque.
3º	Juego en medio campo.
4º	Juego en todo el campo.
5º	Competición.

Notas:

- *Para controlar el tiempo de recuperación e incidir más en un tipo de trabajo u otro, aumentaremos o disminuiremos el bloque de trabajo dedicado al "Lanzamiento a la canasta", que se situará entre las tareas que se estimen oportuno.*
- *Los últimos 10 o 15 minutos de cada sesión (exceptuando el día antes de un partido), se realizará una competición (condicionada o no) en la que se registren tanto indicadores de aprendizaje como de rendimiento, utilizándose como tiempo de evaluación de los objetivos desarrollados durante la sesión. En esta competición se utilizarán las estructuras globales de 4c4 y 5c5.*

Bloque II

METODOLOGÍA DE LA ENSEÑANZA

2.5. ¿CÓMO VAMOS A ENSEÑARLO? METODOLOGÍA.

El proceso de enseñanza y aprendizaje (E-A) en categorías de formación es, hoy en día, un concepto necesitado de una actualidad metodológica que facilite el desarrollo de las capacidades tácticas individual y colectiva facilite el desarrollo de las capacidades tácticas individual y colectiva para que, a través de éstas, el jugador aprenda a aprovechar el espacio en amplitud y profundidad, para que sus movimientos y acciones tengan una intención... para que utilice el espacio de forma inteligente. Todo ello sobre la base que nos va a guiar durante este largo proceso, que es la necesidad de comprender y aceptar las diferencias entre las categorías.

Por tanto, debemos orientar el proceso de E-A en categorías de formación hacia el desarrollo del pensamiento táctico de los jugadores. Aprender a observar, percibir e interpretar lo que sucede en el entorno y a analizar y decidir una respuesta correcta. Éstos deberán ser nuestros principales objetivos.

Creemos que los factores desencadenantes de las principales carencias de nuestros jugadores son los siguientes:

1. Especialización temprana de los jugadores.

2. Una orientación de la enseñanza fundamentalmente hacia la técnica (sólo nos preocupamos de la tercera fase del proceso de la acción del juego, la ejecución, y no de las dos anteriores, la percepción y la decisión, que la condicionan enormemente).

3. Se pasa de una ejercitación repetitiva de situaciones analíticas (x0) a situaciones de 5x5 (imitación del juego de los "mayores"). Baja utilización de juegos reducidos.

4. Creación de estereotipos (modelos ideales de ejecución) y limitación de la creatividad.

5. Faltan procesos mentales. Formación táctica individual subjetiva. Escasa transferencia de los aprendizajes a la situación real.

6. Escaso tiempo dedicado al trabajo de los fundamentos individuales, y especialmente al lanzamiento a la canasta.

En definitiva, nos sirve muy poco lo que hacemos durante los entrenamientos, y por tanto, los jugadores tienen un pobre conocimiento del juego.

Objetivos

Objetivo general:

Optimizar el proceso de formación a través de la generación de un entorno de aprendizaje adecuado.

Objetivos específicos:

→ Utilizar los métodos, técnicas y estilos de enseñanza que impliquen cognoscitivamente a los jugadores.

→ Tener en cuenta los principios y estrategias de intervención en el diseño de las tareas.

→ Definir un estilo de juego que permita a los jugadores desarrollar sus capacidades individuales y medios técnicos-tácticos colectivos del juego.

→ Desarrollar la creatividad individual de cada jugador.

Díaz, Sáenz-López y Tierra (2002), a la hora de abordar la metodología de la enseñanza nos habla de los siguientes conceptos: técnicas de enseñanza, estilos de enseñanza y estrategias en la práctica.

Técnicas de enseñanza

Definida por Delgado (1991) como el término más adecuado para referirnos a la forma en la que el profesor transmite lo que quiere decir. Las dividiremos en dos grandes bloques:

a) *Enseñanza mediante instrucción directa:* donde es el propio profesor el que proporciona al alumno la información directa sobre la solución del problema.

b) *Enseñanza mediante la búsqueda y el descubrimiento*: donde el profesor define el problema, pero no su solución. Serán los alumnos los que deban resolver las situaciones problemas de forma autónoma.

Estilos de enseñanza

Definido de igual manera por Delgado (1991) como la forma en la que el profesor adapta su enseñanza al entorno de aprendizaje donde los alumnos se encuentran envueltos.

La enseñanza de los deportes de cooperación-oposición deberán orientar su enseñanza hacia la formación y desarrollo de las capacidades perceptivas y decisivas de los jugadores, pues éstos deberán actuar en entornos con una alta incertidumbre, donde la cantidad alta de elementos en constante interacción lo convierten en un entorno de alta complejidad.

Por todo ello, han sido muchos los autores los que han visto en el constructivismo las bases fundamentales sobre las que debemos trabajar en la enseñanza de los juegos deportivos.

Por todo ello, los estilos de enseñanza utilizados por el entrenador, tal y como indica Delgado (1991), deberán ser aquellos que impliquen cognoscitivamente al jugador. Este mismo autor agrupa los diferentes estilos de enseñanza en 6 grandes grupos (Tabla 34).

Tabla 34. Estilos de enseñanza en la actividad física y el deporte.

	Estilos de enseñanza	Palabras clave
E.E. Tradicionales	Mando directo; modificación del mando directo; asignación de tareas	Orden, tarea
E.E. que fomentan la individualización	Trabajo por grupos: niveles, intereses; enseñanza modular; programas individuales; enseñanza programada	Individualización, alumnado
E.E. que posibilitan la participación del alumnado	Enseñanza recíproca; grupos reducidos; micro-enseñanza	Participación en técnica de enseñanza, delegación de funciones
E.E. que propician la socialización	Juego de roles, simulación social, trabajo grupal	Grupo, cooperación, socialización
E.E. que implican cognoscitivamente al alumno en el aprendizaje	Descubrimiento guiado, resolución de problemas	Tareas a resolver, indagación, búsqueda, aprender a aprender
E.E. que favorecen la creatividad	Sinéctica	Diversidad, pensamiento divergente, creación

Estrategias en la práctica

Delgado (1991) define estrategia en la práctica como la forma en la que se presenta la actividad a los alumnos. Estas se dividen a su vez en 2 grandes bloques:

Estrategias de tipo global:

a) *Tarea global genérica:* Igualdad o cierta superioridad numérica y libertad total de acción de todos los jugadores.

b) *Tarea global con normas específicas:* Se orienta a los jugadores sobre determinados aspectos específicos del juego que hay que cumplir.

c) *Tarea global con normas generales:* Se establece una regla que refuerza la conducta deseada, condicionando la actuación del jugador y conduciéndole al descubrimiento y al aprendizaje de las acciones Táctico-técnicas específicas.

Estrategias de tipo analítico:

a) *Tarea analítica en condiciones tácticas*: Se practica una acción técnica en presencia de un oponente que tiene restringida su capacidad de movimiento.

b) *Tarea analítica en forma de juego:* Se practican acciones técnicas sin oposición.

c) *Tarea analítica pura:* El sujeto realiza acciones en un entorno descontextualizado, lejos de la realidad.

d) *Tarea analítica con orientación individual específica*: El sujeto practica una fracción del movimiento técnico individual de forma aislada.

e) *Tarea analítica con orientación colectiva específica:* Se practica una parte de un medio Táctico colectivo básico o complejo sin oposición.

La percepción

Los procesos perceptivos son los encargados de analizar los estímulos a través de su organización e interpretación para una predicción futura (Boné, 1998b).

A continuación se presentan el conjunto de factores que componen dicho proceso perceptivo (Tabla 35).

Tabla 35. Factores de la complejidad del proceso perceptivo.

Elemento de análisis	Menor complejidad	Mayor complejidad
1º Según las condiciones del entorno	Predominantemente habituales (entorno estable)	Predominantemente perceptivas (entorno cambiante)
2º Según el tipo de control prioritario	Cerradas de autorregulación	Abiertas de regulación externa.
3º Según el estado inicial de individuo y objeto.	- Individuo y objeto estático. - Objeto en movimiento individuo estático. - Objeto estático individuo en movimiento	Objeto e individuo en movimiento.
4º Según el propósito de la tarea en relación a la movilización de objetos.	- Lanzamiento a distancia. - Intercepción del móvil. - Golpeo objeto estático.	- Lanzamiento en precisión. - Intercepción del móvil evitándolos. - Golpeo de objeto en movimiento.
5º Según el tipo de estimulación	- Pequeño número de estímulos a los que se debe atender. - Pequeño número de estímulo presentes. - Baja velocidad y mucha duración del estímulo. - Mucha intensidad del estímulo. - Estímulos poco conflictivos y/o confusos.	- Gran número de estímulos a los que se debe atender. - Gran número de estímulos presentes. - Alta velocidad y poca duración de estímulo. - Poca intensidad de estímulo. - Estímulo muy conflictivo y/o confuso.

La atención selectiva

Debido a la capacidad limitada de procesamiento (Simon, 1955, 1957, citado por Bennis y Pachur, 2006) se produce la necesidad de una atención selectiva a los estímulos del entorno. En todos los momentos de una tarea la atención se desplaza a una dimensión particular de la información que ésta ofrece. Esta atención solicita la evaluación afectiva de cada opción, o de valencia, basada en la actualidad. Como la atención se desplaza entre las dimensiones, las valencias se acumulan para producir un nivel de activación, o preferencia, para cada opción. Esto continúa hasta que la preferencia por una opción excede un cierto nivel o umbral de activación. Esta opción será la ganadora de este proceso (Johnson, 2006).

Según Ezquerro y Buceta (2001), la localización de los estímulos relevantes constituye uno de los procesos básicos para disminuir la incertidumbre.

Siendo esta última la principal característica del deporte que nos ocupa, el baloncesto, se convierte por tanto en fundamental en el desarrollo de cualquier acción del juego. Los deportistas que utilizan una estrategia de búsqueda global tienen un desempeño cognitivo más eficiente.

Por su parte, Williams, Davids y Williams (1999), también afirman que la discriminación de la información relevante es un aspecto a considerar en el aprendizaje motor, ya que al no tener que prestar atención en todos los detalles, permite liberar parte de la capacidad de procesar información al sujeto que está aprendiendo, ocupándolas en otras tareas. Según Abernethy (1993), el experto no sólo obtiene una mejor selección de la información, sino que también asociada a dicha información se desencadenan patrones familiares de respuestas, siendo automáticamente controlados.

No obstante, debemos mencionar que la diferencia entre expertos y noveles no sólo se encuentra en la cantidad y tipo de conocimiento desarrollado, sino especialmente en la forma en la que utilizan dicho conocimiento a la hora de tomar decisiones.

Por tanto el jugador, a través de la práctica, deberá desarrollar una atención selectiva, aprendiendo a concentrarse en los estímulos realmente relevantes e ignorando aquellos otros que no influyan en la realización de la tarea.

Nos dice Gladwell (2005), refiriéndose a la idea de *menos es más*, que muchas veces damos por sentado que cuanta más información tengamos mejores decisiones tomaremos. Nos cuenta un caso de un director de un hospital de Chicago que desarrolló una fómula llamada *el algoritmo de Goldman*, que establecía diagnósticos de patología cardíaca desechando información o factores cuya influencia era tan reducida desde la perspectiva de lo que le iba a ocurrir al paciente en ese momento, que era posible establecer un diagnóstico exacto sin tenerlos en cuenta. Obtuvo resultados sorprendentes.

La anticipación de la acción

Definimos anticipación como el proceso que permite realizar un movimiento de interposición a la trayectoria del oponente o del movil, teniendo en consideración la situación del juego, las propias capacidades y las del oponente, así como las intenciones técnico-tácticas asignadas en función del sistema de juego del propio equipo (Guzmán y García, 2002).

Según Meinel y Schnabel (1988), existen dos clases de anticipación, la anticipación de la situación y la anticipación de la acción.

1. **Anticipación de la situación**: El jugador prepara la acción sobre la base de percepciones analíticas de la situación y de experiencias pasadas, sin que la reacción-retrasada por el tiempo de reacción tenga necesariamente que producirse. Los datos de la percepción y la experiencia están disponibles a partir de situaciones anteriores apropiadas, que permiten prever las condiciones espaciales y temporales.

2. **Anticipación de la acción**: El jugador reacciona con las acciones que han demostrado su éxito y su adecuación a la situación, en base a experiencias previas.

Este proceso por el cual el jugador percibe correctamente y con tiempo suficiente a partir de unos pocos datos la totalidad de una acción, comporta una serie de aprendizajes en relación a la atención selectiva, pudiendo lograrse de esta manera sorprendentes respuestas en el juego.

La decisión

En el baloncesto el desarrollo de los mecanismos de decisión de torna fundamental, pues el jugador deberá constantemente, una vez interpretado el conjunto de los estímulos, decidir entre todas las opciones posibles.

A continuación se muestra, a modo de resumen, una tabla en la que se recogen los factores mencionados desde menor a mayor complejidad (Tabla 36).

Tabla 36. Factores de la complejidad del proceso de decisión.

Elementos de análisis	Menor complejidad	Mayor complejidad
1º Número de decisiones.	Escaso número de decisiones.	Gran número de decisiones
2º Número de alternativas en el propósito de la tarea	Propósito único.	Multiplicidad de propósitos.
3º Número de propuestas motrices alternativas en cada decisión	Propuesta motriz única.	Multiplicidad de propuestas motrices.
4º Velocidad requerida en la decisión.	Mucho tiempo para decidir.	Tiempo de decisión breve.
5º Nivel de incertidumbre.	Los factores en que se basa la decisión son fijos	Los factores en que se basa la decisión son variables.
6º Nivel de riesgo.	La decisión no comporta riesgo físico.	La decisión comporta riesgo físico.
7º Orden secuencial de las decisiones.	Orden fijo de la secuencia motriz (programa lineal)	Orden variable de la secuencia motriz.(programa ramificado)
8º Número de elementos que es necesario recodar.	Pocos elementos a memorizar y recordar	Muchos elementos a memorizar y recordar.

La ejecución

El mecanismo ejecutor es el motor generador del movimiento, responsable de la organización y realización de la acción motriz. Éste deberá ser desarrollado en condiciones tácticas, pues será utilizado en tales circunstancias. Los principales elementos que definen su grado de dificultad son los siguientes:

Según la coordinación neuromuscular:

· *Menor dificultad:* Poco grupos musculares implicados en el movimiento, estructura del movimiento simple, poca exigencia de rapidez en la ejecución, poca exigencia de precisión en la ejecución.

· *Mayor dificultad:* Muchos grupos musculares implicados en el movimiento, estructura del movimiento compleja, mucha exigencia de rapidez en la ejecución, mucha exigencia de precisión en la ejecución.

Según la condición física:

· *Menor dificultad*: Poca exigencia de resistencia, poca exigencia de velocidad, poca exigencia de flexibilidad.

· *Mayor dificultad*: Mucha exigencia de resistencia, velocidad y flexibilidad.

A continuación se realizan algunas propuestas metodológicas que incidirán directamente tanto en nuestras planificaciones como en el diseño de nuestras tareas, con objeto de eliminar o reducir las limitaciones formativas comentadas anteriormente ("Decálogo de las buenas tareas").

1. Formación general de los jugadores.

Debemos retrasar la especialización de los jugadores, respetando su propia evolución natural y facilitando su desarrollo en cada etapa de formación, no sólo en relación al grado de especialización de los jugadores en el estilo de juego del equipo, sino también en relación al trabajo realizado en nuestros entrenamientos sobre la adquisición de los fundamentos individuales del juego.

Debemos favorecer que aparezca la necesidad de realizar innumerables tiros, paradas, salidas desde diferentes posiciones, y no condenarles a jugar en un espacio determinado de juego, donde sus posibilidades de acción se limiten, generalmente, a observar y esperar. Nuestro principal objetivo en estas categorías es que los jugadores obtengan la mayor experiencia posible que les permita incorporar un alto número de recursos a su juego, favoreciendo con ello su adaptación a las necesidades que se presenten durante su desarrollo como jugador (Tabla 37).

Tabla 37. Grado de especialización del trabajo de fundamentos del juego realizado con los jugadores.

Categoría	Formación	Grado de especialización
Alevín	Inespecífica	Ninguno
Preinfantil		Ninguno
Infantil		Ninguno
Cadete 1er año		Ninguno
Cadete 2º año	Semiespecífica	Se asignan funciones concretas a determinados jugadores, pero existe intercambio libre entre puestos específicos. Trabajo general.
Junior	Específica	Comienzo de la especialización en puestos específicos. Intercambio entre puestos específicos contiguos.

2. Orientar la enseñanza hacia la táctica.

La práctica de los deportes colectivos, caracterizados por la adaptación rápida y precisa en déficit de tiempo en un entorno dinámico y cambiante, demanda de los jugadores una serie de capacidades perceptivas, decisionales y de ejecución que entendemos como factores determinantes del rendimiento deportivo. Estas capacidades se desarrollan bajo aspectos cognitivos y de carácter emocional, de tal forma que una decisión en el juego se ve influida, por un lado, por la implicación cognitiva y racional del jugador en cuanto a selección de información relevante del entorno de juego, valoración de posibles opciones, elección de la acción a ejecutar, y posibilidad de cambio durante la primera fase de la ejecución, y por otro lado, aspectos relacionados con la auto-percepción, nivel de competencia percibido sobre el adversario, etc.

Debemos por tanto desarrollar en el jugador desde su inicio la capacidad táctica individual y colectiva, basada en la adecuada percepción de todos los elementos del juego.

Porque el jugador, durante una acción de juego, deberá percibir y analizar las acciones de los oponentes y de los compañeros, las propias, sus intenciones, los espacios libres y ocupados, la modificación constante de ellos, los desplazamientos del balón, etc... deberá decidir qué medio técnico-táctico emplear, el momento, el lugar y la intensidad adecuada, y en último lugar, y sólo en último lugar... ejecutarlo.

Para ello, no debemos encasillar a los jugadores en movimientos preestablecidos que coarten y limiten su capacidad de expresión. Con la finalidad de desarrollar la capacidad perceptiva y la toma de decisiones de los jugadores, sería de gran importancia que la forma de jugar resultara lo más espontánea posible. Por ello es importante que los jugadores enlacen sus movimientos por propia iniciativa, sin un orden preestablecido, de forma que, tras la realización de uno, la aplicación del siguiente se basara en la observación y análisis de las circunstancias del juego, favoreciendo el desarrollo de la inteligencia motriz específica tan necesaria para jugar a este deporte.

Proponemos establecer una "línea de base" (en verde) a partir de la cual trabajar en cada categoría la oposición de forma gradual, dependiendo del nivel de pericia del jugador (Tabla 38).

Tabla 38. Tipo de relación (con oposición/sin oposición).

Sin oposición	Con oposición	
	Defensa condicionada	Defensa no condicionada
• Sin obstáculos. • Con obstáculos. • Estáticos. • Dinámicos.	Superioridad/Igualdad/Inferioridad (gradualidad en la oposición) • Defensa con balón. • Defensa no puede robar en el bote. • Defensa no puede interceptar el pase. • Defensa no puede taponar el lanzamiento a la canasta. • Defensa solo puede retrasar el desplazamiento del balón. • …	Superioridad/ Igualdad/ Inferioridad

3. Practicar un volumen alto de situaciones reducidas de juego (juegos reducidos).

Practicando situaciones reducidas de juego facilitaremos la adaptación de los jugadores a los conceptos planteados (1c1,... 2c2,... 3c3), favoreciendo su participación y evitando con ello la actitud de inhibición que tantas veces adoptan, pues se sentirán implicados y se verán obligados a actuar, ejecutar y encadenar acciones constantemente. Aumentaremos el grado de utilización de los medios individuales y colectivos (Tablas 39 y 40).

Tabla 39. Volumen de trabajo de los juegos reducidos durante un morfociclo.

	Semana	Semana 2	Semana 3	Semana 4	Semana 5	Semana 6
1c1	+++	+++	++	++	+	+
2c2	+++	+++	++	++	+	+
3c3	+++	+++	++	++	+	+
4c4	+	+	++	++	+++	+++
5c5	+	+	++	++	+++	+++

Tabla 40. Volumen de trabajo de los juegos reducidos durante un macrociclo.

	Macrociclo I				Macrociclo II			Macrociclo III		
	Sep	Oct	Nov	Dic	Ene	Feb	Mar	Abr	May	Jun
1c1	+++	+++	+++	+++	++	++	++	+	+	+
2c2	+++	+++	+++	+++	++	++	++	+	+	+
3c3	+++	+++	+++	+++	++	++	++	+	+	+
4c4	+	+	+	+	++	++	++	+++	+++	+++
5c5	+	+	+	+	++	++	++	+++	+++	+++

4. Introducir progresivamente los medios tácticos colectivos básicos (MTCBs) en el juego.

Con objeto de facilitar la adaptación del jugador a las diferentes circunstancias-problemas del juego, introduciremos los MTCBs de forma progresiva, aplazando la aparición del bloqueo.

Consideramos importante un asentamiento de los conceptos colectivos anteriores al planteamiento de la enseñanza del bloqueo, con objeto de adecuar nuestras prácticas al ritmo de aprendizaje de nuestros jugadores, y favoreciendo con ello su adquisición y solidez ante el olvido.

Estos Medios serán la base sobre la que se sustenten los demás Medios Colectivos, y su correcta asimilación favorecerá la comprensión y adaptabilidad de estos últimos en el juego (Tabla 41).

Tabla 41. Introducción de los MTCBs en las categorías de formación.

CATEGORÍA	MTCBs						
	OEL	P-R	P-D	FI	BD	BI	T
Alevín	X	X	X	X	-	-	-
Preinfantil	X	X	X	X	-	-	-
Infantil	X	X	X	X	-	-	-
Cadete B	X	X	X	X	X	X	-
Cadete A	X	X	X	X	X	X	X
Junior	X	X	X	X	X	X	X

Nota: OEL ocupación de espacios libres; P-R pase y recepción; P-D pase y desplazamiento; FI fijación del impar; BD bloqueo directo; BI bloqueo indirecto; T triangulaciones.

5. Variar constantemente las condiciones de la tarea (entorno de aprendizaje).

Nuestros jugadores no aprenden nuevos movimientos, sino que establecen nuevas y estables relaciones con el entorno, es decir, se adaptan.

Debemos por tanto mejorar esa capacidad de adaptación de nuestros jugadores a las situaciones problema cambiantes que se originan durante una acción de juego. Debemos por tanto repetir sin repetir, o lo que es lo mismo, debemos repetir en la variedad. Debemos procurar situaciones diversas que favorezcan las respuestas adecuadas a entornos diferentes, en lugar de respuestas únicas difícilmente repetibles en la realidad. Si lo que el jugador aprende son relaciones con su entorno, éstas deberán ser nuestro objeto de enseñanza.

Por tanto/debemos ampliar el campo de vivencias y experiencias de nuestros jugadores, enfrentándoles a situaciones próximas que inciten al jugador a interpretar y desenvolverse en entornos diferentes, variando los siguientes elementos del juego. De esta manera desarrollaremos la capacidad de ajuste espacio-temporal, con objeto de que dominen los medios, organizando con ello los elementos que integran la situación a la que se enfrenten, percibiendo sus elementos y el todo resultantes, elaborando estrategias de acción para superar la oposición y conseguir objetivos en cada momento, tomando en cuenta para ello:

- Situación del jugador en el campo: alejado o próximo a la canasta, ...

- Distribución de los jugadores (oponentes y compañeros): agrupados, dispersos, con profundidad, en anchura,...

- Situación de los jugadores respecto al jugador y entre sí: lejos, cerca, a derecha, a izquierda, delante, atrás,...

- La situación del balón (en posesión o no): cercano, lejano, delante, detrás,...

- Dinamismo del balón y jugadores y sus relaciones: velocidad, trayectoria, dirección, ritmo,...

6. Aumentar el volumen de trabajo de los fundamentos individuales del juego.

Debemos darle mayor importancia al desarrollo de los fundamentos individuales. Dedicamos demasiado tiempo al trabajo de situaciones de ataque o de defensa de equipo (4c4, 5c5) en detrimento del trabajo de los fundamentos individuales, que son la base fundamental del juego.

7. Aumentar el volumen de trabajo del lanzamiento a la canasta.

Debemos darle mayor importancia al lanzamiento a la canasta.

El lanzamiento a la canasta deberá tener un tratamiento especial, por ser un fundamento individual de precisión con un valor directo especial en el juego.

- Debemos planificar un bloque de trabajo especial dedicado al desarrollo del lanzamiento a la canasta (objetivos, contenidos, ...).

- Debemos cuantificar (volumen) el número de lanzamientos a la canasta (por jugador) por categorías y en cada fase de la temporada (Tabla 42).

Tabla 42. El lanzamiento a la canasta.

	Sep	Oct	Nov	Dic	Ene	Feb	Mar	Abr	May	Jun
x Sesión										
Total										

8. Diseñar situaciones significativas (específicas) del juego.

Según Ruiz (1995), el baloncesto se caracteriza por ser un deporte de cooperación- oposición constituido por habilidades predominantemente perceptivas, abiertas y de regulación externa, desenvueltas en un entorno cambiante, incierto y variable, obligando a los jugadores constantemente a evaluar, anticiparse y adaptarse a nuevas y constantes circunstancias del juego, siendo por tanto exigente en operaciones cognitivas. Tal y como afirman Moreno, Fuentes, Del Villar, Iglesias y Julián (2003), la estimulación del exterior modula el comportamiento motriz del deportista, y por tanto todas las acciones estarán determinadas por la solución táctica.

Esto se debe al sistema de relación que se da en el juego entre los componentes que lo configuran (técnica, tiempo, reglamento, espacio, comunicación y estrategia), en el que se integran todos los jugadores y con el que deben enfrentarse activa y constantemente (Antón y López, 1989).

Hernández (1996) defiende que estos elementos pertenecen a la estructura funcional de aquellos deportes en los que predomina la decisión sobre la ejecución, como consecuencia de la existencia de una mayor incertidumbre o variabilidad.

La acción de juego en los deportes de interacción colectivo será por tanto el resultante de las interacciones de estos seis parámetros determinadores de su estructura, dependiendo de los jugadores su puesta en acción y desarrollo práxico, de acuerdo con el análisis que hayan realizado de la situación de juego (Antón y Dolado, 1997; Hernández, 2000). Tal y como afirma Jiménez (2003), las soluciones funcionales a los problemas del juego son las respuestas a las posibilidades estructurales, a las necesidades del juego y a las intenciones del jugador.

Todo ello marca claras diferencias entre un deporte socio-motor como el que nos ocupa, el baloncesto, y los deportes psicomotrices o individuales, como lo puede ser la gimnasia rítmica o el lanzamiento de jabalina, caracterizados por la utilización de habilidades cerradas o predominantemente habituales en un entorno estable, lo cual le otorga mayor importancia a la técnica en detrimento de la Táctica. Por todo ello, en el baloncesto, el jugador deberá en todo momento organizar todos estos elementos del juego para poder interpretarlos y decidir convenientemente.

Por todo ello, debemos respetar en todo momento la lógica interna del juego que nos ocupa.

Según Hernández (1994), la evolución de los procedimientos de análisis de la estructura de los deportes ha pasado por tres etapas fundamentales: una denominada técnico-táctica, asociada prioritariamente a las teorías mecanicistas, una segunda denominada ataque-defensa, que surgió como rechazo a la anterior, cuyo principal precursor fue Bayer (1986), y cuyo elemento determinante era la posesión o no del móvil, dando como resultado un equipo atacante (poseedor del móvil) y otro defensor, y un tercer modelo de interacción motriz cuyo principal precursor es Parlebas (2001), y cuyo objeto principal de estudio es la acción motriz.

Los juegos deportivos colectivos no pueden concebirse como una sucesión caótica de episodios motrices susceptibles únicamente de una aproximación descriptiva. La imprevisibilidad no es necesariamente el signo de un conocimiento falso o imperfecto, sino una consecuencia de la naturaleza cambiante de las situaciones deportivas resultante de los efectos de agregación de las acciones de los participantes (Martín y Lago, 2005).

Al sistema de rasgos pertinentes de una situación motriz y de las consecuencias que entrañan para la realización de la acción motriz correspondiente se le denomina lógica interna (Parlebas, 2001). Es decir, es la forma en la que se establecen las relaciones entre los participantes y la interacción con el medio en el que se desarrolla.

Por tanto, para jugar de forma inteligente será necesario tener un conocimiento amplio sobre los conceptos que responden a la lógica interna del baloncesto, o lo que es igual, a la forma en que la relación entre jugadores, compañeros y adversarios, y su interacción con el medio, en función de las reglas, es efectiva para la consecución de los objetivos del juego.

Piñar y Cortés (2006) realizan una modificación de los principios generales y específicos del juego de baloncesto asociados a la fase de ataque que presenta Bayer (1986) (Tabla 43).

Tabla 43. Principios generales y específicos del baloncesto
(Piñar y Cortés, 2006).

PRINCIPIOS GENERALES	PRINCIPIOS ESPECÍFICOS
Conservar el balón	Conservar individualmente el balón. Conservar el balón con ayuda. Ocupar espacios colectivamente en torno al jugador con balón. Apoyar en espacios libres a distancia pase.
Progresar hacia la canasta contraria	Progresar individualmente con balón. Progresar individualmente con ayuda. Progresar en el espacio con y sin balón Dispersarse y apoyar en profundidad y anchura. Superar al adversario. Buscar profundidad. Finalizar cerca de canasta.
Conseguir el enceste	Obtener situación de lanzamiento idónea Lanzar a cesto. Finalizar con éxito. Recuperar el balón tras lanzamiento fallido.

Serán estos objetivos los que marquen la línea de actuación de los jugadores, convirtiéndose por tanto en el primer eslabón en la cadena de conocimientos específicos que se deban conocer. Sin embargo, el conocimiento de estos objetivos generales y específicos, aunque imprescindible, no es suficiente para jugar de forma inteligente, sino que será también necesario conocer cuáles son los principios de actuación o normas de comportamiento táctico que, basándose en la lógica interna, permitan al jugador analizar la información recibida y decidir de manera correcta. Estas reglas de acción o criterios de eficacia serán las condiciones a respetar y los elementos a tener en cuenta para que una acción sea eficaz.

Debemos partir de la concepción de que el sujeto accede al conocimiento a través de la comprensión. No eliminar los elementos que le confieren sentido al juego.

Con la preocupación de simplificar aparentemente el aprendizaje y asegurar una mínima base de gestos técnicos, el educador elimina la posibilidad de una toma de conciencia, por parte del alumno, del momento, lugar y razones de la utilidad de ese gesto técnico en el juego, lo que suprime la relación gesto-juego.

El jugador deberá construir en cada ensayo la solución a la tarea que se le plantee, y no que se dedique exclusivamente a retener la solución.

Debemos huir de los ejercicios que determinen previamente dónde y cuándo ejecutar un determinado fundamento. Debemos construir ejercicios que provoquen la aparición de un/os determinados fundamentos/s del juego, enfrentando a los jugadores a situaciones que así lo demanden.

El grado de especificidad de las tareas vendrá determinado por la presencia en las tareas del número de elementos que configuran la lógica interna del juego. Mientras más elevado sea el número de elementos presentes en la tarea, más posibilidades de que se produzca una transferencia positiva entre los conceptos y/o habilidades que se practican durante las sesiones de entrenamiento y el juego real o partido.

Para ello, tendremos en cuenta la siguiente tabla de los diferentes niveles de especificidad de las tareas, que representan los elementos que configuran la lógica interna del juego, teniendo una repercusión directa sobre las posibilidades del grado de transferencia al juego real ("Taxonomía de la especificidad de las tareas") (Tabla 44).

Tabla 44. Introducción de los MTCBs en las categorías de formación.

Concepto		Nivel de especificidad
		Bajo ------------> Moderado -------------> Alto
■Pre-sen-cia	■Balón	Sin balón **Con balón**
	■Campo de juego	Sin campo de juego ***Con campo de juego***
	■Canastas	Sin canastas ***Con canastas***
	■Adversarios	Sin adversarios **Con adversarios** (1,2,3,4,5)
	■Compañeros	Sin compañeros Con compañeros (1,2,3,4,5)
■Relación		**Superioridad Igualdad Inferioridad**
■Fases		**1/2c. 1 campo 2 campos 3 campos**
■Intensidad (ritmo)		Baja moderada **alta submáxima**
■Espacio		**1/4c. 1/3c. 1/2c. 4/4c.**
■Tiempo		Nada limitado **Poco limitado Limitado Muy limitado**
■Competición		Sin competición **Con competición**
■Orientación		**Muy condicionada/ Condicionada / Nada condicionada**

Nota: Con fondo más oscuro, marcamos como línea base a respetar los factores a considerar en la totalidad de las tareas.

9. Aplicar en cada tarea la intensidad relativa adecuada (física y psicológica).

La precisión tiende a ser específica de la velocidad practicada. Los patrones musculares que se utilizan para los movimientos lentos no son los mismos que intervienen en las altas velocidades.

a. Limitando el tiempo de ejecución en cada tarea.

El tiempo es el principal factor desencadenante de la activación de los procesos intuitivos, incidentales o rápidos. Por tanto, un jugador podrá crear procesos intuitivos o rápidos si el entrenador construye tareas de alta presión o límite de tiempo.

b. Relacionando cada tarea con una intensidad relativa determinada.

Para cuantificar la carga de un entrenamiento vamos a controlar el volumen y la intensidad a través del tipo de tareas que van a predominar en esa sesión. Para ello se podría realizar una clasificación de las tareas en función de la intensidad y del tiempo necesario para su realización, relacionando cada tarea con una intensidad relativa (Tabla 45).

Tabla 45. Intensidad relativa de las tareas.

Intensidad	Tipo de tarea
1	ALTERNANCIA ATAQUE-DEFENSA EN MEDIO CAMPO.
2	ALTERNANCIA ATAQUE-DEFENSA EN TODO EL CAMPO.
3	ATAQUE EN MEDIO CAMPO HASTA QUE DEFENSA RECUPERE EL BALÓN.
4	ATAQUE EN TODO EL CAMPO HASTA QUE DEFENSA RECUPERE EL BALÓN.
5	SERIES DE ATAQUE DURANTE UN TIEMPO DETERMINADO.
6	...

c. Estableciendo pautas de competición en cada tarea.

Si atendemos correctamente al desarrollo de los fundamentos individuales, trabajándolo constantemente en situaciones reducidas del juego en orden gradual de dificultad, facilitaremos la evolución del pensamiento táctico del jugador, pues éste, a través de la práctica, aprenderá a ampliar su radio de atención y de acción, observando lo que sucede más allá del entorno próximo del balón. Organizará y coordinará cada vez más sus acciones con los compañeros, en el tiempo y en el espacio, su juego se irá haciendo cada vez más estratégico y empezará a tener mayor continuidad y fluidez. El jugador será capaz de percibir e interpretar la situación global de juego y de seleccionar y ejecutar en cada momento las respuestas apropiadas con mayor rapidez. Sus movimientos tendrán una intención, utilizará el espacio de forma inteligente (Tabla 46).

Tabla 46. Ejemplo de graduación en el nivel de competición.

CONTINGENCIA			CONSIGNA
Nº intentos	*Puntos*	*Tiempo*	
X			¿Quién lanza más veces a canasta? ¿Quién juega más situaciones de 1c1?
	X		¿Quién anota más puntos?
		X	¿Quién gana en 6 minutos?
X	X		¿Quién es capaz de anotar 6 puntos en 4 intentos?
X		X	¿Quién lanza más veces a canasta o juega más situaciones de 1c1 en 6 minutos?
	X	X	¿Quién anota más puntos en 6 minutos? ¿Quién anota 6 puntos en 6 minutos?
X	X	X	¿Quién anota más puntos en 6 minutos con un máximo de 6 intentos? ¿Quién anota 6 puntos en 6 minutos con un máximo de 6 intentos? ¿Quién anota 6 puntos en menos tiempo con un máximo de 6 intentos?

Bloque III

CONTROL Y EVALUACIÓN

2.6. ¿CÓMO SABREMOS SI SE HAN CONSEGUIDO LOS OBJETIVOS PROPUESTOS? CONTROL Y EVALUACIÓN.

Con objeto de identificar el grado de consecución de los objetivos propuestos inicialmente, se establecerán determinadas estrategias y puntos de control durante la temporada para el registro de información necesaria sobre los jugadores y equipos que nos permita su posterior evaluación y análisis, así como la realización de las modificaciones e intervenciones que se consideren necesario.

Objetivos

Objetivo general:

→ *Controlar y analizar el proceso de formación de los jugadores.*

→ *Controlar la carga de trabajo que soportan los jugadores, con objeto de provocar el efecto deseado, reducir el índice de fatiga y las posibilidades de lesión.*

Objetivos específicos:

- Establecer indicadores de evaluación del proceso de E-A.

- Controlar, evaluar y analizar el proceso de formación de los jugadores y equipos.

- Analizar el índice de fatiga de los jugadores en cada morfociclo.

Con objeto de conocer el grado de asimilación de los objetivos planteados durante la temporada, se deberán establecer diferentes criterios de evaluación relacionados con cada uno de dichos objetivos.

Para ello se determinarán los siguientes indicadores:

- Indicadores de rendimiento.

- Indicadores de aprendizaje.

Indicadores de rendimiento

Se corresponde con los valores que la Federación registra durante las competiciones. Nosotros realizaremos dicha evaluación durante los partidos con cierta relevancia.

Indicadores de aprendizaje

Se corresponde con los objetivos establecidos durante la temporada. Éstos se registrarán en el último bloque de cada sesión práctica (de lunes a jueves) y durante los partidos.

Ejemplo: ¨Jugador sin balón¨

Objetivos

- → APOYAR AL JUGADOR CON BALÓN.
- → FACILITAR EL PASE AL POSEEDOR DEL BALÓN.
- → DIFICULTAR LA RECUPERACIÓN DEFENSIVA.
- → SINCRONIZAR CON LA ACCIÓN DEL COMPAÑERO.
- → OCUPAR ESPACIOS DONDE SE GENERE
- → PELIGRO INMEDIATO TRAS LA RECEPCIÓN.

Contenidos

- → PERCEPCIÓN DE LOS ESPACIOS LIBRES QUE SE GENERAN.
- → POSICIÓN / POSTURA ADECUADAS EN LOS DESPLAZ ./ CAMBIOS DIRECC. Y RÍTMO.
- → RECIBIR EN UN ESPACIO LIBRE A DISTANCIA DE PASE EFICAZ.
- → ALEJARSE DEL DEFENSOR.

Criterios de evaluación

- → El jugador se DESPLAZA.
- → El jugador se Desplaza / RESPETA LA DISTANCIA entre sus compañeros.
- → El jugador se Desplaza / Respeta distancia / OCUPA un espacio libre.

→ El jugador se Desplaza / Respeta distancia / OCUPA un espacio libre ANTES.

Con objeto de evitar o reducir el índice de lesión de los jugadores, controlaremos la carga de trabajo que soportan durante los entrenamientos y partidos, registrándose para ello los siguientes indicadores:

Cuestionario de percepción subjetiva del esfuerzo percibido (BORG).

Como su nombre indica, es una escala que registra los niveles de intensidad (esfuerzo) percibidos por los participantes en relación con la situación experimental realizada. Esta escala comprende valores que oscilan entre el mínimo de 6 y el máximo de 20, siendo 6 equivalente a "ningún esfuerzo", y 20 al "máximo esfuerzo posible". Nosotros hemos utilizado una adaptación de la escala con diez valores, para facilitar su aplicación.

Esta escala es una herramienta valiosa dentro del ámbito del desempeño humano, en que a menudo la consideración importante no es tanto lo que haga el individuo, sino lo que cree que hace (Morgan, 1973) (Figura 9).

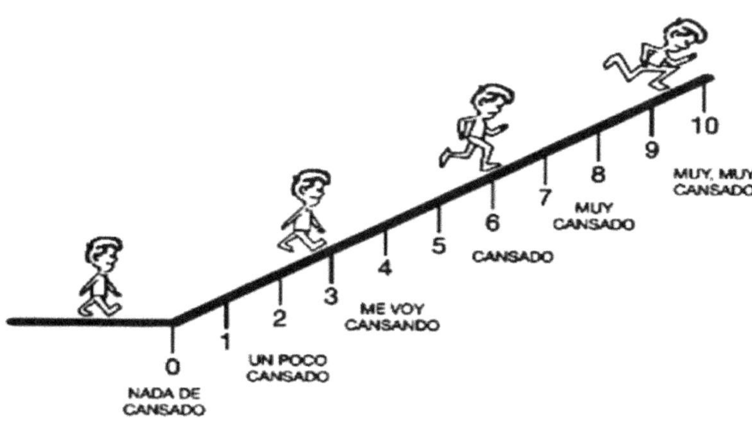

Figura 9. Escala de esfuerzo percibido subjetivo (Borg, 1970)

Considera que la carga mental es un constructo que representa el coste que significa para el trabajador alcanzar un nivel específico de rendimiento. Por tanto, el nivel de carga mental surge de la interacción entre las demandas de una tarea, las circunstancias bajo las que ésta se desarrolla y las habilidades, conductas y percepciones del sujeto que la realiza (Hart y Staveland, 1988), asumiendo que un mayor gasto de capacidad se asocia con los sentimientos subjetivos de esfuerzo, y que éstos pueden ser evaluados adecuadamente por los individuos, cuantificándolo durante la ejecución de las tareas, reflejando su naturaleza y las demandas sobre los recursos físicos y mentales del sujeto (Annett, 2002).

El índice de esfuerzo percibido (RPE) ha sido históricamente el método más utilizado de cuantificación de la carga interna de trabajo (Cuadrado, 2010), y ha demostrado ser un método alternativo eficaz para la evaluación de la intensidad global durante una sesión de entrenamiento en deportes de esfuerzos intermitentes (Coutts, Rampinini, Marcora, Castagna y Impellizzeri, 2009), incluso más adecuado que las medidas fisiológicas individuales, correlacionándose fuertemente con la valencia emocional (Cárdenas, Perales, Chirosa, Conde, Aguilar y Araya, 2013).

Cuestionario de bienestar (WELLNESS).

Este cuestionario nos permitirán obtener esa información relativa a la carga de trabajo de forma muy sencilla y rápida. Actualmente es considerada la segunda herramienta de monitorización más importante para la prevención de McCall, Dupont y Ekstrand (2016).

3. RESPUESTAS A 30 PREGUNTAS IMPORTANTES.

1. ¿Por qué durante años los deportes colectivos han sido tratados como un deporte individual?

En los años 60 existía una abundante documentación especializada principalmente en los deportes individuales, siendo muy escasas las publicaciones o estudios realizados sobre los deportes colectivos. Los entrenadores de los deportes de equipo consultaban dicha documentación y encontraban serios problemas en transferir los principios y teorías planteados para la enseñanza y aprendizaje (E-A) de habilidades cerradas a la E-A de habilidades abiertas. Ello originó un trabajo descontextualizado (no respetaba la lógica interna del juego), donde se le ofrecía excesiva importancia a la técnica, en detrimento del desarrollo de los procesos perceptivos y decisivos, y por tanto de la táctica individual y colectiva.

2. ¿Cómo influye en el diseño de las tareas que los deportes de equipo sean de cooperación y oposición, y no en cambio individuales?

Restaremos importancia a la técnica y sumaremos importancia a la Táctica, pues nuestros principales objetivos deberán ser el desarrollo de los procesos perceptivos y decisivos de nuestros jugadores.

3. ¿Qué indica el concepto de lógica interna del juego?

Es la relación que se establece entre todos los elementos que forman parte, configuran o se interrelacionan durante una acción de juego. Deberá responder a preguntas tales como: ¿qué quiere decir que mi defensor se encuentre a una distancia muy próxima a mí y yo me encuentre a una distancia lejana de la canasta?, ¿qué quiere decir que mi defensor se desplace en mi dirección a una velocidad alta?...

4. ¿Debemos insistir una y otra vez en la repetición para que nuestros jugadores reproduzcan las habilidades que hayan aprendido?

No. Debemos proponer tareas que favorezcan la construcción frente a la reproducción, la producción comprensiva frente a la reproducción mecánica, ya que el conocimiento no se encuentra ni el sujeto ni en el objeto de conocimiento, sino en la interacción entre ambos.

5. Cuando un jugador de nivel de pericia bajo, bota por primera vez una pelota, ¿qué aprende?

El jugador aprende a coordinar sus movimientos en relación a las características del balón y su entorno más inmediato, es decir, ha establecido nuevas y estables relaciones con el entorno.

6. ¿Memorizan o almacenan los jugadores todos los movimientos que ejecutan con cierta destreza?

No. Basándonos en la teoría de Hebert Simon (1955), la capacidad de almacenamiento y procesamiento del cerebro humano está limitada. Por ello, el cerebro establece ciertas estrategias de aprendizaje o "atajos" mentales que le permiten generar ciertas reglas que agrupan conjuntos o familias de habilidades en un mismo patrón motor general, en el que se almacena información genérica y no específica (Teoría del esquema motor de Richard Schmidt, 1975), afirmando que existen movimientos deportivos que por su rapidez hacen imposible su regulación momento a momento vía retroalimentación sensorial, y por tanto reclamarán una programación previa del mismo. Esta teoría explica la variedad y versatilidad del uso de las diferentes habilidades motrices específicas.

7. ¿Puede un jugador reproducir exactamente un mismo movimiento dos veces?

Una persona nunca produce un movimiento absolutamente nuevo, ni nunca repite absolutamente el mismo movimiento. Ejecutará variaciones pertenecientes a un mismo patrón motor general.

8. ¿Debemos forzar una conducta hipotéticamente correcta?

Un análisis más a fondo de las técnicas empleadas nos haría llegar a la conclusión de que en la ejecución técnica de todos los expertos se dan unos cuantos elementos comunes, básicos y fundamentales. Es por ello por lo que debemos determinar aquellos aspectos que siempre deban realizarse de la misma manera ("elementos clave"). Una vez detectados, las actividades deberán mediante la repetición, asegurar su automatización. Debemos potenciar la variedad alrededor de la ejecución estable y repetitiva de una serie de aspectos fundamentales.

Es por ello por lo que podemos afirmar que la perfección del automatismo no reside en el invariable eslabonamiento de las acciones musculares, sino, por el contrario, en sus posibilidades de reorganización en todos los instantes de la ejecución y en el curso de las ejecuciones sucesivas.

9. ¿Qué memorizamos cuando desarrollamos una habilidad?

Cuando aprendemos a botar, pasar o lanzar un balón, no memorizamos la fuerza que debemos emplear desde cada posición o distancia, sino una regla que relaciona los parámetros que intervienen. La variabilidad de un gesto se produce a partir de un patrón común, y será ese el que se almacene.

10. ¿Hasta qué punto debe aceptarse la libertad de movimientos del jugador sin que ejerza una influencia negativa en las partes prefijadas de la ejecución del movimiento?

Toda persona constituye una unidad independiente, incomparable, compuesta de muchos factores físicos y psíquicos que, todos unidos, forman su individualidad única e irrepetible. Por tanto, debemos respetar la expresión individual, no nos referimos a una libertad total en la sucesión del movimiento, sino a que dicha sucesión está determinada por observadores científicos, reflexiones teóricas y experiencias prácticas que, a su vez, están caracterizadas por aspectos anatómico-funcionales, por normas de mecánica deportiva (biomecánica), por rasgos psíquicos, por capacidades y habilidades de preparación física y coordinación, por los mecanismos de control del sistema nervioso central y por las capacidades sensoriales y cognitivas.

11. ¿Se deben establecer los objetivos y contenidos dependiendo de la categoría que vayamos a entrenar? ¿Por qué?

No. Porque depende del nivel de los jugadores o de los conceptos que éstos hayan adquirido.

12. Explica la metodología de trabajo sintético-analítico-sintético.

En el diseño de nuestra tareas debemos partir de la totalidad y no de las partes. Debemos enfrentar al jugador con la situación que origina la particular y adoptada reacción deseada. El jugador organizará el medio, captando los aspectos significativos y sus relaciones básicas. Se mantendrá al jugador en esa situación hasta que las diferentes señales se fusionen en un patrón que tenga sentido para él. Capta la idea, percibe el sentido, su experiencia se fusiona, constituyendo una relación comprensiva.

Por tanto, la estructura de la primera tarea deberá ser general, incluyendo todos los elementos que confieren significado al concepto que pretendamos enseñar. Posteriormente trabajaremos situaciones con una estructura más reducida, para finalmente volver a desarrollar una tarea general como la desarrollada inicialmente. Conociendo la estructura global las partes se convierten en fragmentos de un todo mentalmente concebido. Con la suficiente experiencia, el jugador podrá completar mentalmente el resto de la unidad o patrón. (ojo, sin eliminar elementos relevantes del juego).

13. ¿Podemos eliminar en algunas tareas elementos que confieren significado o sentido al juego? ¿Por qué?

No. Porque si eliminamos algunos de los elementos que intervienen en una acción del juego, el jugador tendrá verdaderas dificultades por conectar todos estos conceptos con su realidad, pues se elimina la posibilidad de una toma de conciencia, por parte del jugador, del momento, el lugar y razones de la utilidad de ese movimiento en el juego, lo cual suprime por completo la relación concepto-juego. El aprendizaje carecerá así de significado, impidiendo que el jugador se adapte a las circunstancias a través de su propia dinámica, y evitando que ensamble y establezca relaciones entre todos estos elementos, no pudiendo hacer uso de dicho aprendizaje en futuras situaciones a las que se enfrente.

14. ¿Debemos favorecer en nuestros entrenamientos que los jugadores repitan un mismo concepto en las mismas condiciones hasta que haya sido aprendido? ¿Por qué?

No. Debemos repetir, pero en la variedad. Porque queremos que el alumno forme conductas motrices adaptativas a estímulos genéricos, pues los jugadores no aprenden nuevos movimientos, sino que establecen nuevas y estables relaciones con el entorno, es decir, se adaptan. Debemos por tanto mejorar dicha capacidad de adaptación de nuestros jugadores a las situaciones problema cambiantes que se originan durante una acción de juego, y para ello, debemos procurar situaciones diversas que favorezcan las respuestas adecuadas a entornos diferentes, en lugar de respuestas únicas difícilmente repetibles en la realidad. Por tanto se propone variabilidad frente a repetición, producción comprensiva frente a reproducción mecánica, alternando sistemáticamente las tareas y variando las condiciones de realización constantemente.

15. ¿Qué estructuras de trabajo deben predominar en las tareas de nuestros entrenamientos? ¿Por qué?

Situaciones generales y reducidas de juego: 1c1, 2c1, 2c2, 3c1, 3c2, 2c3, 3c3, ya que el fraccionamiento de un concepto del juego puede resultar algo abstracto si los jugadores no tienen una referencia exacta de lo que supone la acción (1c0, 2c0, 3c0,...). Estas situaciones de juego reducidas reducen la dificultad, fomentan la participación de los jugadores, evitan la inhibición, favorecen el encadenamiento de las acciones y aumentan la aparición y el uso de los fundamentos individuales y colectivos del juego.

16. Explica el concepto de esfuerzo cognitivo. ¿Es importante tenerlo en cuenta en el diseño de nuestras tareas? ¿Por qué? ¿Cómo podemos favorecer que se produzca?

Se produce cuando el jugador construye por si mismo la solución a la tarea que se le haya planteado.

Si. Para favorecer la evolución del pensamiento táctico de nuestros jugadores. Para ello debemos diseñar tareas en las que los jugadores construyan por si mismos en cada ensayo la solución a la tarea que se le haya planteado, pues no queremos que se dedique exclusivamente a retener la solución. Se deberán diseñar tareas que provoquen la aparición del concepto que pretendamos enseñar, enfrentando a los jugadores a situaciones que así lo demanden. El proceso de práctica para la adquisición de un habito motor consiste Esencialmente en un éxito progresivo en la búsqueda de soluciones motrices optimas a los problemas concretos. No consiste en repetir los medios para solucionar un problema una y otra vez, sino en solucionar

Un problema motor una y otra vez por medio de técnicas que cambiamos y perfeccionamos de repetición en repetición.

17. ¿Debemos explicar con palabras todos los conceptos que pretendamos que nuestros jugadores aprendan? ¿Por qué?

No. Porque existen estudios que nos indican que ciertas formas de información ofrecidas a los sujetos puede ser contraproducente, en especial aquellos conceptos que vayan a ser utilizados en situaciones de estrés o límite de tiempo, pues el jugador, si ha aprendido el concepto de forma intencionada o explícita, para utilizarlo deberá recuperar dicha información de su memoria de trabajo durante una situación en la que no tiene tiempo para reflexionar, pudiéndose producir con ello el fenómeno tan frecuente de "parálisis por análisis".

18. Explica el concepto de generalización. ¿Cómo podemos favorecer que se produzca en nuestros entrenamientos?

El jugador adapta las habilidades aprendidas a situaciones similares. Para favorecer que se produzca deberemos diseñar tareas significativas, no eliminando elementos relevantes del juego y variar las condiciones de las prácticas.

19. ¿Los jugadores asimilan de igual manera una habilidad desarrollada a una intensidad baja o moderada que a una intensidad alta? ¿Por qué?

No. Porque la precisión tiende a ser específica de la velocidad practicada. Los patrones musculares que se utilizan para los movimientos lentos no son los mismos que intervienen en las altas velocidades.

20. ¿Debemos centrar la enseñanza en la automatización del gesto técnico?

Centrar la enseñanza en la automatización del ¨gesto técnico¨ es un error, pues éste es solo el aspecto observable de todo el proceso del acto táctico de la acción de juego (3ª fase), y está condicionada por las dos primeras (percepción y decisión). Cuando aprendemos a botar, pasar o lanzar un balón, no memorizamos la fuerza que debemos emplear desde cada posición o distancia, sino una regla que relaciona los parámetros que intervienen.

Debemos orientar el proceso de e-a hacia el desarrollo de estas capacidades, para que el jugador transforme sus acciones en movimientos inteligentes, seleccionando y ejecutando la forma más apropiada en el momento, lugar e intensidad adecuados. Todo este proceso conforma la acción Táctica individual, que es la base sobre la que se sustenta el juego.

21. ¿Qué entendemos por buena técnica?

La buena técnica se refiere a las cosas fundamentales más que a los detalles, y deberá determinarse en función de las características particulares del individuo. El jugador deberá reproducir lo esencial para producir lo propio.

22. ¿Qué jugadores son buenos tomando decisiones?

Quienes son buenos tomando decisiones no son aquellos que procesan más información o que dedican más tiempo a deliberar, sino aquellos que han perfeccionado el arte de hilar fino, de extraer los pocos factores que realmente importan a partir de una cantidad desmesurada de variables.

23. ¿Cuál es el objetivo fundamental del proceso de enseñanza-aprendizaje de los fundamentos individuales del juego en categorías de formación?

El objetivo fundamental del proceso de e-a de los fundamentos no debe ser la adquisición de un "modelo ideal" de ejecución mediante la repetición, sino desarrollo de la capacidad de adaptación del jugador.

Desarrollar una estructura (esquema) en nuestros jugadores altamente genérica que permita al jugador adaptarse mejor a las situaciones nuevas que se le presenten. Que el jugador adquiera un patrón motor adaptativo a las circunstancias que se le presenten.

24. ¿Por qué tradicionalmente los entrenadores diseñaban tareas totalmente descontextualizadas o alejadas de la realidad?

Porque el entrenador, con la preocupación de simplificar aparentemente el aprendizaje y asegurar una mínima base de gestos técnicos, el educador elimina la posibilidad de una toma de conciencia, por parte del alumno, del momento, lugar y razones de la utilidad de ese gesto técnico en el juego, lo que suprime la relación gesto-juego.

25. ¿Cómo podemos aumentar la intensidad de nuestras tareas?

Introduciendo la competición en todas las tareas y a través de normas de contingencia que limiten el tiempo y aumenten el estrés en los jugadores.

26. ¿Debemos especializar el juego de los jugadores en las etapas de formación? ¿Por qué?

No. Porque debemos respetar la evolución natural de los jugadores. No debemos condenarles a jugar en un espacio reducido y determinado de juego, donde sus posibilidades de acción se limiten generalmente a observar y esperar. Debemos desarrollar una formación general en todos nuestros jugadores, favoreciendo con ello que utilicen de forma variada los fundamentos individuales y colectivos del juego. Solo de esta manera obtendrán un conocimiento del juego más completo.

27. ¿Qué entendemos por tiempo de compromiso motor?

Es el tiempo en el que un jugador se encuentra implicado en el objetivo de la tarea.

28. ¿Debemos variar las condiciones de práctica?

Si. Debemos desarrollar múltiples esquemas-reglas en los jugadores mediante entrenamientos en los que brille la variedad de acciones y situaciones, y no sólo ejercicios mecánicos, mejorando así su capacidad de adaptación y convirtiéndoles en individuos activos capaces de resolver adecuadamente las tareas de entrenamiento y al entrenador en un diseñador creativo de dichas tareas.

29. ¿Qué elementos debemos variar en el diseño de las tareas?

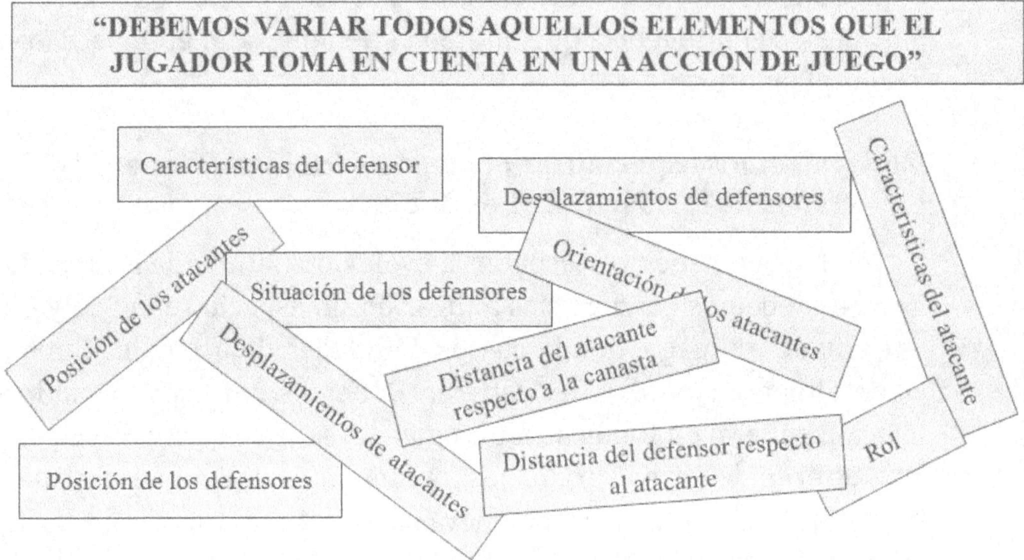

30. Explica el concepto de "rendimiento inmediato".

Con el jugador en formación se deben diseñar las situaciones de aprendizaje de tal manera que predomine el éxito frente al fracaso, ya que, basándonos en la "teoría del marcador somático" de Antonio Damasio, el jugador sólo seleccionará la decisión adecuada si ésta está asociada a una emoción positiva, por lo que debemos favorecer que se produzca dicha huella entre la habilidad aprendida y la consecución de un objetivo que al jugador le suponga un estímulo interno.

4. BIBLIOGRAFÍA

- Abernethy, B. (1993). The nature of expertise in sport. En Serpa, S. Et al. *International Congress of Sport Psychology*, Lisboa, Facultade de Motricidade Humana.

- Annett, J., (2002). Subjective rating scales: science or art? *Ergonomics, 45*(14), 966-987.

- Antón, J.L. (1990). *Balonmano. Fundamentos y etapas de aprendizaje*. Madrid: Gymnos.

- Antón, J.L. y Dolado, M.M. (1997). La iniciación a los deportes colectivos: una propuesta pedagógica. En J. Giménez, P. Sáenz-López y M. Díaz, *El deporte escolar* (pp. 23-40). Huelva: Universidad de Huelva.

- Antón, J.L. y López, J. (1989). La formación y aprendizaje de la técnica y la táctica. En J. Antón, *Entrenamiento deportivo en la edad escolar. Bases de aplicación* (pp. 89- 133). Málaga: Unisport.

- Bayer, C. (1986). *La enseñanza de los juegos deportivos colectivos*. Barcelona: Hispano Europea.

- Bengué, L. (2005). *Fundamentos transversales para la enseñanza de los deportes de equipo*. Barcelona: Inde.

- Bennis, W. y Pachur, T. (2006). Fast and frugal heuristics in sports. *Psychology of Sport and Exercise, 7,* 611-629.

- Billing, J. (1980). An overview of task complexity. *Motor skill; Theory into practice*, 1, 18-23.

- Blázquez, D. (1986). *Iniciación a los deportes de equipo*. Barcelona: Martínez Roca. Boné, A. (1998a). Modelos de interpretación del aprendizaje motor. Los modelos cibernéticos. En A. Boné, *Manual del técnico deportivo. Segundo nivel* (pp. 327-331). Zaragoza: Mira.

- Boné, A. (1998b). La percepción, decisión, ejecución y control del movimiento. En A. Boné, *Manual del técnico deportivo. Segundo nivel* (pp. 327-331). Zaragoza: Mira. Borg, G. (1970). Perceived exertion as an indicator of somatic stress. *Scandinavian Journal of Rehabilitation Medicine, 2-3, 92-98.*

- Cárdenas, D. (2006). El proceso de formación táctica colectiva en el baloncesto desde la perspectiva constructivista. Lecturas: Educación Física y Deportes, (10)94.

- Cárdenas, D., Perales, J.C., Chirosa, L., Conde, J., Aguilar, D. y Araya, S. (2013). The effect of mental workload on the intensity and emotional dynamics of perceived exertion. *Anales de Psicología, 29*(3), 662-673.

- Cárdenas, D. y Pintor, D. (2001). La iniciación al baloncesto en el medio escolar. En F. Ruiz, A. García y A.J. Casimiro. Nuevas tendencias metodológicas. La iniciación deportiva basada en los deportes colectivos. Nuevas tendencias metodológicas, pp.105-143. Madrid: Gymnos.

- Casamichana, D., San Román, J., Calleja, J. y Castellano, J., 2016. *Los juegos reducidos en el entrenamiento del fútbol.* Madrid: FDL.

- Castejón, F.J., Giménez, F.J., Jiménez, F. y López, V. (2003). *Iniciación deportiva. La enseñanza y el aprendizaje comprensivo en el deporte.* Sevilla: Wanceulen.

- Castejón, F.J. y López, V. (2000). Solución mental y solución motriz en la iniciación a los deportes colectivos en la educación primaria. *Apunts*, 61, 37-47.

- Cebeira, J. (1988). *Apuntes de táctica.* INEF. Granada.

- Contreras, O., De la Torre, E. y Velázquez, R. (2001). *Iniciación deportiva.* Madrid: Síntesis.

- Coutts, A.J., Rampinini, E., Marcora, S.M., Castagna, C. y Impellizzeri, F.M. (2009). Heart rate and blood lactate correlates of perceived exertion during small-sided soccer games. *Journal of Science and Medicine in Sport*, 12, 79-84.

- Cuadrado, J. (2010). Análisis de la influencia de la intensidad del entrenamiento sobre variables de control de la carga interna en deportes colectivos. (Tesis doctoral no publicada). Universidad de Granada.

- Delgado, M.A. (1991). Los estilos de enseñanza en la Educación Física. Propuesta para una reforma de enseñanza. Granada. I.C.E. De la Universidad de Granada.

• Díaz M., Sáenz-López, P. y Tierra, J. (2002). *Iniciación deportiva en primaria: actividades físicas organizadas.* Sevilla: Wanceulen.

• Ezquerro, M. y Buceta, J. M: (2001). Estilo de procesamiento de la información y toma de decisiones en competiciones deportivas: las dimensiones rapidez y exactitud cognitivas. Análise Psicológica, 1, 37-50.

• FEB (1999). *Apuntes del Curso de Entrenador Superior.* Málaga: FEB.

• Fradua, L. y Figueroa, J.A. (1995). Construcción de situaciones de enseñanza para la mejora de los fundamentos técnico-tácticos individuales en fútbol. *Apunts*, 40, 27-33.

• García, J.A. y Ruiz, L.M. (2007). Conocimiento y acción en las primeras etapas de aprendizaje del balonmano. *Apunts*, 89, 48-55.

• Giménez, F.J. (2000). *Fundamentos básicos de la iniciación deportiva en la escuela.* Sevilla: Wanceulen.

• Giménez, F.J. y Sáenz-López, P. (2003). *Aspectos teóricos y prácticos de la iniciación albaloncesto.* Sevilla: Wanceulen.

• Gladwell, M. (2005). *Inteligencia intuitiva. ¿Por qué sabemos la verdad en dossegundos?.* Madrid: Taurus.

• Grosser M. y Neumayer, A. (1986). *Técnicas de entrenamiento.* Barcelona: Martínez Roca.

• Guzmán, J.F. y García, A. (2002). La anticipación defensiva en los deportes de equipo: un estudio de la importancia otorgada a sus variables. *Apunts*, 69, 37-42.

• Hart, S. G. y Staveland, L. E. (1988). Development of NasaTlx (Task Load Index): Results Of Empirical And Theoretical Research. En P. A. Hancock Y N. Meshkati (Eds.), *Human Mental Workload* (pp. 139-183). NorthHolland, Amsterdam: Elsevier.

• Hernández, J. (1994). *Análisis de las estructuras del juego deportivo.* Barcelona: Inde.

• Hernández , J (1996). Hacia la construcción de un mapa de la acción estratégica motriz en el deporte. *Revista de Entrenamiento Deportivo*, 13 (1), 5-12.

- Hernández, J. (2000). *La iniciación a los deportes desde su estructura y dinámica. Aplicación a la educación física escolar y al entrenamiento deportivo.* Barcelona: Inde.

- Ibáñez, J. (1996). Aplicación de un método para el entrenamiento de una acción de uno contra uno: la finta en balonmano. *Apunts*, 46, 72-80.

- Jiménez, F. (2003). Construyendo escenarios, promoviendo aprendizajes: las situaciones de enseñanza en la iniciación a los deportes de cooperación/oposición. En F.J. Castejón, F.J. Giménez, F. Jiménez y V. López, *Iniciación deportiva. La enseñanza y el aprendizaje comprensivo en el deporte* (pp. 57-86). Sevilla: Wanceulen.

- Johnson, J. (2006). Cognitive modeling of decision making in sports. *Psychology of Sport and Exercise*, 7, 631-652.

- Knapp, B. (1963). *La habilidad en el deporte.* Valladolid: Miñón.

- McCall, A., Dupont, G., y Ekstrand, J. (2016). Injury prevention strategies, coach compliance and player adherence of 33 of the UEFA Elite Club Injury Study teams: a survey of teams' head medical officers. Br J Sports Med, 50(12), 725-730.

- McPherson, S. L., Y Thomas, J. R. (1989). Relation of knowledge and performance in boys' tennis: Age and expertise. *Journal of Experimental Child Psychology, 48*(2), 190-211.

- Mahlo, F. (1969). *La acción táctica en el juego.* Ciudad de la Habana: Pueblo y Educación.

- Mann, D., Williams, A., Ward, P. y Janelle, C. (2007). Perceptual-cognitive expertise in sport: A meta-analysis. *Journal of Sport & Exercise Psychology*, 29, 457-478.

- Martín, A. y Lago, C. (2005). *Deportes de equipo. Comprender la complejidad para elevar el rendimiento.* Barcelona: Inde.

- Meinel, K. y Schnabel, G. (1988). *Teoría del movimiento. Motricidad deportiva.* Argentina: Editorial Stadium.

- Moreno, H. (1996). Técnica, táctica y estrategia en el deporte. *Revista de Entrenamiento Deportivo, 10* (1), 19-22.

- Moreno, P., Fuentes, J.P., Del Villar, F., Iglesias, D. y Julián, J.A. (2003). Estudio de los procesos cognitivos desarrollados por el deportista durante la toma de decisiones. *Apunts*, 73, 24-29.

- Morgan, W. (1973). Psychological factors influencing perceived exertion. *Journal of Medicine and Science in Sports*, 5 (2), 98.
- Olivera, J. (1992). *1250 ejercicios y juegos en baloncesto (tres volúmenes)*. Barcelona: Paidotribo.
- Parlebas, P. (2001). *Léxico de praxiología motriz*. Barcelona: Paidotribo.
- Patiño, A. y López-Barrajón, M. (1998). Aplicaciones del análisis y evaluación de la técnica en baloncesto. *Apunts*, 54, 37-43.
- Pintor, D. (1987). *Apuntes de baloncesto*. INEF. Granada.
- Pintor, D. (1991). *Apuntes de la asignatura Baloncesto: aplicación específica II*. Facultad de Ciencias de la Actividad Física y el Deporte, Universidad de Granada. Inédito.
- Piñar, M.I. y Cortés, R. (2006). Medios técnico-tácticos individuales. En C. Torres (Coord.). *La formación del educador deportivo en baloncesto. Bloque específico nivel I* (pp. 7-38). Sevilla: Wanceulen.
- Ricardo, O., De la Torrre, E. y Velázquez, R. (2001). *Iniciación deportiva*. Madrid: Síntesis.
- Riera, J. (1995). Análisis de la táctica deportiva. *Apunts*, 40, 47-60.
- Robb, M. (1972). Task analysis: a consideration for teachers of skills. *Researh Quarterly*, 43, 362-373.
- Ruiz, L.M. (1995). *Competencia motriz. Elementos para comprender el aprendizaje motor en educación física escolar*. Madrid: Gymnos.
- Ruiz, L.M. y Arruza, J. (2005). *El proceso de toma de decisiones en el deporte. Clave de la eficiencia y el rendimiento óptimo*. Barcelona: Paidós.
- Ruiz, L.M. y Sánchez, F. (1997). *Rendimiento deportivo. Claves para la optimización de los aprendizajes*. Madrid: Gymnos.
- Sánchez Bañuelos, F. (1984). *Didáctica de la educación física y el deporte*. Madrid: Gymnos.
- Sánchez Bañuelos, F. (1992). *Bases para una didáctica de la educación física y el deporte*. Madrid: Gymnos.

- Seirul-lo, F. 2017). *El entrenamiento en los deportes de equipo.* Barcelona: Mastercede. Sicilia, A. y Delgado, M.A. (2002). *Educación Física y estilos de enseñanza.* Barcelona: Inde.

- Simon, H. A. (1955). A behavioral model of rational choice. *The Quarterly Journal of Economics*, 69, 99-118.

- Simon, H. A. (1957). *Models of man: Social and rational.* New York: Wiley.

- Trillo, M.D., Sáenz-López P. y Tierra, J. (2002). *Iniciación deportiva en primaria: actividades físicas organizadas.* Sevilla: Wanceulen.

- Williams, A.M., Davids, K. y Williams, K. (1999). Visual perception and action in sport. London: E & FN Spon.

www.ingramcontent.com/pod-product-compliance
Lightning Source LLC
LaVergne TN
LVHW080436200726
843507LV00004B/836